PEDRO DE CAMARGO

EU COMPRO, SIM!

MAS A CULPA É DOS HORMÔNIOS...

Novo Conceito

1ª Impressão – 2013

Produção Editorial
Equipe Novo Conceito
Impressão e Acabamento Geográfica 170713

Este livro segue as regras da Nova Ortografia da Língua Portuguesa.

Dados Internacionais de Catalogação na Publicação (CIP)
(Câmara Brasileira do Livro, SP, Brasil)

Camargo, Pedro de
Eu compro, sim! Mas a culpa é dos hormônios / Pedro de Camargo.
-- 1. ed. -- Ribeirão Preto, SP : Novo Conceito Editora, 2013.

ISBN 978-85-8163-294-0
1. Compras 2. Consumidores - Comportamento
3. Consumidores - Psicologia 4. Consumo (Economia)
5. Finanças comportamentais 6. Marketing I. Título.

CDD-658.8342
13-06168 -658.8343

Índices para catálogo sistemático:
1. Comportamento de consumo : Administração 658.8342
2. Comportamento do consumidor : Administração 658.8343

Novo Conceito

Rua Dr. Hugo Fortes, 1885 – Parque Industrial Lagoinha
14095-260 – Ribeirão Preto – SP
www.editoranovoconceito.com.br

Agradecimentos

A elas!

Eu quero e preciso agradecer a todas as mulheres por este livro. Agradeço de coração:

a quem me ouve e me ajudou a escolher o título:
Giovanna Ferreira Araújo Julião de Camargo;

a quem me apoia:
Maria Adelina Julião de Camargo;

a quem me ajuda:
Fabianne Tomaz;

a quem me ensinou a nunca desistir:
Maria Augusta Ferreira de Araújo;

a quem adoro:
Ana Cecília Fiorin de Camargo e Paula Emboaba de Camargo;

a quem admiro:
Cristina Moura Emboaba de Camargo e Maria Lúcia Fiorin de Camargo;

a quem sempre acreditou no meu trabalho:
Dra. Annelise Ferreira Araújo Ruiz;

a quem deixou marcas em minha vida:
minhas primas queridas Marina Julião Robes, Andréa Julião Cardoso, Maria Beatriz Julião Lopeto, Claudia de Camargo Ribeiro Campion, Fernanda Camargo Ribeiro Castellano, Maria do Carmo Gomes de Mattos Ragusa (Malá), Maria Lúcia Gomes de Mattos Nagliati, Maria Isabel Gomes de Mattos (Bel), Marília de Camargo Ribeiro Carvalho (Lila);

a quem fez e faz parte da minha vida:
Margareth Strang Julião (Tia Zizi), Maria do Carmo Camargo de Mattos (Tia Carmo), Maria Guiomar Soares de Camargo Ribeiro (Tia Bê), Miriam Maria Pasta Julião, Silvia de Toledo Julião Marcondes;

a quem eu tenho o maior respeito e de quem trago ótimas lembranças:
Vó Cecília, Vó Antonieta, Vó Alzira e Tia Luci Julião.

A ele!

o único homem da minha vida:
Lucas Ferreira Araújo Julião de Camargo.

Dedicatória

Dedicar um trabalho é simplesmente um ato de respeito e admiração.
A você, Maristela Ferreira Araújo Julião de Camargo, eu dedico este livro.
Ele é sua ideia pelas minhas mãos,
é sua curiosidade com a minha pesquisa,
é sua coragem com os meus medos,
é sua inteligência com a minha determinação,
é sua força com as minhas dúvidas,
é sua realização para com o meu trabalho,
é um sonho nosso.

Sumário

Introdução

Para entender este livro e o seu comportamento de compra, é preciso saber de alguns fatos que surgiram com as pesquisas feitas em novos campos do conhecimento, como psicologia evolucionista, finanças comportamentais, economia comportamental, endocrinologia comportamental, genética comportamental, neuroeconomia e *neuromarketing*.

Fato 1. Somos irracionais. Segundo Dan Ariely, pesquisador na área de economia comportamental, e Laurie Santos, que pesquisa o comportamento econômico de macacos e compara-o com o dos seres humanos, somos previsivelmente irracionais, porque, assim como os animais, cometemos alguns erros econômicos básicos, que são: não agir em função do futuro, mas do presente; sofrer mais quando perdemos dinheiro do que nos alegrar quando ganhamos; repetir os erros econômicos ou de consumo sempre da mesma maneira (o que mostra que somos imunes à demonstração de provas, o famoso "ver para crer"). As finanças comportamentais que pesquisam comportamento de agentes financeiros vêm provando que ser racional é sempre fazer a melhor escolha possível, e, na verdade, isso nem sempre acontece.

Fato 2. Nosso cérebro toma decisões antes de termos consciência disso.

Fato 3. Compramos produtos e serviços em função da sobrevivência e da reprodução, para manter e propagar os nossos genes.

Fato 4. Nosso cérebro é um sistema físico movido por impulsos elétricos e químicos, portanto nossa mente e nossos comportamentos são produto desses processos.

Fato 5. O cérebro evoluiu para gerar comportamentos que são apropriados para as circunstâncias ambientais.

Fato 6. Os circuitos neurais foram projetados pela seleção natural para resolver os problemas que os ancestrais humanos enfrentaram durante a evolução até o *Homo sapiens sapiens*, portanto o cérebro evoluiu muito mais devagar do que a sociedade e a cultura. Desse modo, nós ainda temos reações que vêm dos nossos ancestrais hominídeos.

Fato 7. A consciência é somente uma pequena parte do conteúdo e de processos da mente.

Fato 8. Diferentes circuitos neurais são especializados em solucionar diferentes problemas adaptativos.

A verdade é que os seres humanos nem sempre agem racionalmente, o comportamento mais esperado. Quando entra dinheiro em cena, a maneira como as pessoas reagem ao risco, à incerteza e às preferências é bem diferente do que geralmente se pensa ser. Muito diferente da visão tradicional de comportamento de consumo que prega a economia ortodoxa, porque as pessoas agem como seres biológicos que são, e não como máquinas programadas para ser racionais, acertar sempre e culpar alguém quando errar.

O jogo do ultimato é a prova disso. Esse tipo de experimento em economia comportamental foi repetido incontáveis vezes, com adultos e crianças, e sempre teve o mesmo resultado, demonstrando que não somos coerentes ou racionais quando se trata de dinheiro. No jogo, um dos participantes recebe uma determinada quantia em dinheiro e deve dividi-la com os outros jogadores da maneira que bem entender. Entretanto, se o segundo participante não aceita a oferta do primeiro, tudo se desfaz e ninguém recebe um tostão. Não existe negociação nem mais de uma rodada nesse jogo. Nas suas várias aplicações, o jogo mostra que, se o primeiro jogador faz uma oferta inferior a 25% do dinheiro que recebeu, o segundo jogador sempre a recusa. Incrível, não é? O sujeito entrou no jogo sem nenhum valor. Logo, se ele sair com R$ 1,00, já será lucro, mesmo que o outro tenha ficado com R$ 999,00. Melhor R$ 1,00 do que nada. É como a economia ortodoxa percebe a nossa racionalidade. Mas no fundo os jogadores pensam: “Melhor não ganhar nada do que ganhar pouco”. O fator que aqui influenciou a decisão dos sujeitos e prevaleceu foi a vingança, e não o pensamento econômico racional. Essa é somente uma das provas de que o ser humano não é tão sabido quanto imagina. O fato de não entender um comportamento não quer dizer que ele seja fora de propósito, pois alguma finalidade biológica ele tem.

É fácil ter ideia do quanto somos irracionais no comportamento de consumo. Gostamos de comprar e muitas vezes nem temos onde guardar. Paco Underhill, no seu livro *O que as Mulheres Querem?*, publicado pela Elsevier em 2010, diz que a atividade de autoarmazenagem (galpões que as famílias alugam para colocar seu excedente de badulaques e bugigangas) é um dos setores que mais cresceram nos Estados Unidos nos últimos anos. Olha só: são 53 mil instalações, que correspondem a 200 milhões de metros quadrados e geram uma receita para o setor imobiliário de mais ou menos US$ 22,1 bilhões. O aumento da procura foi de 65% em 12 anos. Esses números mostram o quanto o consumo é inato e, muitas vezes, inconsciente, porque ninguém juntaria, conscientemente, tanta coisa e comprometeria parte da sua renda alugando um lugar para colocar objetos que não cabem na sua casa e que, certamente, não são usados. Se fôssemos realmente racionais em nosso comportamento econômico, como prega a economia comportamental, não veríamos o menor sentido em gastar com algo que sequer usamos.

A economia nos afeta de duas maneiras previsíveis e surpreendentes. Pagamos mais do que um objeto vale por causa da concorrência. Tomamos decisões (importantes ou banais) baseados em nosso humor. Assim, os fatores econômicos podem influenciar drasticamente em nosso comportamento de consumo (desejo, percepção, compra e uso de produtos e serviços), e esse processo tem um fundamento biológico. Vejamos: os hormônios produzem um efeito enorme sobre nosso humor. São substâncias químicas muito poderosas que ajudam o organismo a se manter funcionando normalmente. A palavra "hormônio" é derivada do termo grego "*hormo*", que significa "pôr em marcha", portanto "fazer agir". Estas são as obrigações dos hormônios: estimular, regular e controlar a função de órgãos e tecidos do corpo humano, influindo em vários processos orgânicos, como o crescimento, o metabolismo, a função imunológica e também a reprodução sexual, o que confirma o Fato 3 do início deste texto, de que agimos, basicamente, em função da reprodução e da sobrevivência. E, se tomamos decisões com base em nosso humor momentâneo, isso indica que há um ou mais hormônios agindo por trás da decisão de compra.

Um dos fatores que nos influenciam é nossa percepção das coisas. Pesquisadores em economia comportamental vêm mostrando que pessoas fazem escolhas irracionais de compras e investimentos. A maneira que percebemos o produto nos faz valorizá-lo mais do que ele vale. Darei exemplos de casos assim e, com certeza, você vai se identificar com eles, o que confirma o Fato 1: não somos tão racionais quanto imaginamos e queremos ser.

Por exemplo: favorecemos as escolhas que significam pequenas recompensas hoje em vez de grandes recompensas no futuro. Isso nos faz economizar menos, investir menos e gastar mais, apesar de nossa intenção a longo prazo ser exatamente contrária ao que fazemos hoje. Isso ocorre porque descontamos o futuro, ou seja, não pensamos muito nas ações e suas consequências, que ainda estão por vir. Numa pesquisa realizada nos Estados Unidos foi perguntado a algumas pessoas se elas queriam US$ 100,00 daqui a um ano ou US$ 102,00 em um ano e dois dias. Todas responderam que queriam US$ 102,00 daqui a um ano e dois dias. Em seguida, perguntaram se elas queriam US$ 100,00 naquele momento ou preferiam US$ 102,00 dali a dois dias e, por incrível que pareça, dessa vez todas quiseram o dinheiro imediatamente.

Sabemos que devemos poupar para o futuro, guardar dinheiro preventivamente, economizar mais do que gastar, mas, mesmo sabendo o que é melhor, nem sempre o fazemos. Existem forças que dirigem esses comportamentos que não nos são conscientes, e elas, certamente, são de fundo biológico e evolutivo. Há dezenas de exemplos nessa perspectiva: um pedaço de torta de chocolate agora ou uma torta inteira daqui a uma semana? Gastar agora ou poupar para o futuro? Ginástica, nada gostoso agora, mas bom para o futuro. Essa é a lógica econômica do organismo, que, por exemplo, junta gordura agora para quando faltar, e não espera o futuro, por isso estamos gordos. O corpo trabalha com estoque hoje e não espera o amanhã. Devoramos tudo o que está na geladeira! E por que, se a geladeira conserva e existe para que possamos estocar comida? Por que nossa despensa de casa tem sempre mais, muito mais comida do que necessitamos? Vai faltar comida no supermercado amanhã? Óbvio que não, mas nosso corpo não entende isso. Para fazermos regime, é preciso que a geladeira não tenha nada "impróprio", porque, se tiver, vamos consumir. Quem gosta de beber deixa quatro cervejas na geladeira para tomar daqui a seis dias? Obviamente, não. Consumimos, damos uma desculpa e pronto. Portanto, existe uma regra ou um padrão econômico de compra e consumo de bens, e ele é biológico, e não racional, como pensam os economistas, mas ocorrem segundo motivos orgânicos. No futuro, vamos economizar, fazer dieta, nos exercitar, cumprir todas as promessas que fizemos no Ano-Novo e vamos até anotar na nossa agenda. Mas o problema não está aí, está na recompensa imediata, no presente.

Dan Ariely dá um exemplo ótimo e muito claro sobre isso, que é o aquecimento global. Grande parte das pessoas não se preocupa com isso porque está no futuro, é incerto. Outra premissa que prova nossa irracionalidade.

Quando ficamos ansiosos, as partes mais antigas do cérebro assumem o controle (o sistema límbico, que processa o lado emocional, e o "complexo R", que processa as funções básicas), não a parte racional (córtex pré-frontal). São as partes ligadas à sobrevivência que tomam conta. Se estamos com fome, com raiva, sozinhos, cansados ou com medo, agimos e reagimos sem entender exatamente por que fizemos tais coisas de tal maneira. Se entendermos isso, estaremos a um passo de controlar nossos impulsos e não mais dar desculpas para nossos comportamentos. Sempre que não sabemos o porquê de um comportamento, tentamos encaixá-lo num modelo mental, isto é, procuramos uma explicação "lógica" para mostrar que aquele ato não é irracional. Pode até ser incoerente, mas achamos uma verdadeira "desculpa" para eles. Isso acontece porque não sabemos o que realmente aconteceu, mas precisamos ajustar o acontecimento ao lógico.

Uma pesquisa feita em Harvard trabalhou com dois grupos. Um deles viu um filme triste, e o outro não. Depois lhes foram feitas várias perguntas sobre preços, como quanto as pessoas pagariam por um *squeeze* ou uma garrafinha de água. As pessoas do grupo que não viram o filme pagaram, em média, US$ 2,5 e as pessoas do grupo que viu o filme pagaram, em média, US$ 10,00 pela garrafinha, o que significa quatro vezes mais do que o outro grupo. Isso mostra o quanto nosso humor e nossa condição emocional alteram a percepção dos objetos e seus valores. Novamente, é a prova de que nossas áreas cerebrais mais antigas influem diretamente em nosso comportamento de consumo.

Todas essas pesquisas e descobertas sobre a irracionalidade humana e o comportamento econômico de investimento e consumo de produtos e serviços me trouxeram uma tranquilidade muito grande, porque percebi que não sou maluco nem diferente das outras pessoas. Todo mundo sempre se mostra racional, inteligente, controlado e perfeitamente são. Mas o normal é ser muitas vezes irracional, por causa da estrutura do nosso cérebro, do sistema límbico que lida com o emocional ou o processa e do "complexo R", ou cérebro reptiliano, que lida com nossas necessidades básicas. O normal é, muitas vezes, ser irracional também por causa dos hormônios e neurotransmissores que inundam nosso cérebro e nosso organismo, por causa do nosso ciclo cicardiano, que influencia nosso metabolismo, por causa do intestino, que produz serotonina e molda nosso humor conforme a permeabilidade do intestino, e até por causa das bactérias, que também povoam nosso organismo e nos fazem agir em função da sua vontade. Na verdade, quem se diz racional está se utilizando do artifício que os pesquisadores chamam de autoengano – a mentira que humanos e símios contam como estratégia de enganar-se para parecer verdadeiro para os outros. Sinto muito informar que nenhum de nós é completamente racional e que temos muitos processos cerebrais que governam nosso comportamento e estão abaixo do nosso nível de consciência.

Em sua essência, o conceito de racionalidade, para a economia ortodoxa, significa que agentes econômicos, gente que trabalha no mercado financeiro aplicando dinheiro de pessoas e empresas, e que "devem" ser racionais ao extremo, fazem as melhores escolhas possíveis para si mesmos. Isso porque o melhor para eles é o melhor para a empresa, pois, quanto mais ganhos a empresa tiver, mais eles se beneficiarão. Na verdade, isso é irreal. Os seres humanos falham em vários pontos: têm limitações na capacidade de processar informações conscientemente, e daí vale a razão do organismo, e não do sujeito cognoscitivo; têm limitações quanto à capacidade de resolver problemas complexos, como o mercado financeiro que eles próprios criaram, e, por fim, têm limitações na capacidade de atenção, o que significa não estarem atentos a todas as variáveis o tempo todo.

A economia ortodoxa ou tradicional parte do princípio de que somos uma espécie chamada *Homo economicus*, que otimiza todas as alternativas possíveis e entende cada consequência futura e só considera essas consequências. Porém, se temos atenção e consciência limitadas, e não conseguimos processar muitas informações ao mesmo tempo, o que fazer? O que seria necessário para prever todas as consequências futuras?

O grande problema desse conceito do *Homo economicus* é que ele não se atenta ao fato de que, na espécie *Homo*, o medo da perda é maior que o prazer do ganho. Além disso, existem as variações de humor, a ação das emoções, como o aumento de medo, ou mesmo o arrependimento. E, mais profundamente, desconsidera as variações hormonais, os níveis de neurotransmissores e de toda a química orgânica que inunda o cérebro e, por fim, promove o comportamento. Parte-se do princípio de que em situações de consumo o indivíduo faz pesquisas exaustivamente sobre todas as alternativas possíveis e relevantes para o ato em questão e, ainda, antes de agir, avalia todas as consequências, somente depois de todas essas operações matemáticas, o que implicaria uma calculadora financeira incrustada no cérebro, o sujeito escolhe a melhor alternativa possível. Portanto, são deixados de lado os fatores biológicos ou orgânicos e é considerada somente a cognição, o lado consciente. Será que é assim quando saímos para comprar um sapato para uma festa de casamento que será muito comentada nos próximos dias? É assim quando estamos com baixo-astral e compramos uma roupa para compensar nossa tristeza? Ou ainda: será que fazemos todos esses cálculos quando vamos ao supermercado e compramos somente o necessário e mais barato? Você acha que isola seus sentimentos e age de modo puramente racional quando vai pegar um iogurte ou uma bolacha para seu filho, ou um amaciante para lavar as roupas da sua família? Obviamente que a resposta é não. Na verdade, pagamos mais caro porque a emoção está gritando; e ainda tentamos justificar o custo-benefício. Algumas forças por trás do nosso comportamento falam bem mais alto que a razão. Nem sempre nossa decisão está ligada à melhor alternativa econômica possível, porque as leis que regem o comportamento não são puramente matemáticas, mas sim biológicas.

Para a etologia, ciência que estuda o comportamento animal e foca os comportamentos adaptativos, existem dois tipos de comportamento: inato e aprendido. O comportamento inato, que nos interessa neste livro, é amplamente determinado pela genética e tem ligação com as relações que os nossos ancestrais tinham com o ambiente, como lidavam com as situações milhares de anos atrás. Muitos dos comportamentos inatos são estereotipados, o que significa que todos os membros de uma mesma espécie manifestam tal comportamento de maneira idêntica. As sequências comportamentais estereotipadas são chamadas de Padrões Fixos de Ação (*Fixed Action Patterns* – FAPs). Nós, como animais que somos, temos também padrões fixos de ação, os quais nem sempre são entendidos, muitas vezes porque se processam abaixo do nível da consciência. É por isso que não entendemos tais comportamentos e dizemos que eles são irracionais e não podem acontecer. Mas o que nos parece fora de propósito à luz da razão cognitiva, do estado consciente, é, na verdade, totalmente adequado e acertado para os motivos biológicos: a sobrevivência e a reprodução. Assim sendo, há um fundamento no comportamento dito não racional.

A irracionalidade normalmente tem uma conotação negativa de insensatez e até mesmo insanidade, mas muitas vezes nossas ações sem razão são extremamente úteis para nos ajudar a nos adaptar ao ambiente mutante. Entender que podemos agir sem um motivo aparente e racional lhe beneficiará muito na empreitada que proponho aqui.

A genética também influencia nosso comportamento de consumo. Jason Zweig, colunista de finanças pessoais do *The Wall Street Journal* e autor de vários livros de finanças, acredita que futuramente a genética produzirá "ferramentas" que nos ajudarão a conter nossos impulsos de compra. Está surgindo uma nova área chamada *genoeconomics*, em português, genoeconomia. Ela investiga como o DNA interage com nossas decisões financeiras. Segundo Zweig, já foram identificados vários genes que parecem ter implicância no controle de comportamentos impulsivos. A impulsividade é uma característica importante de diversas doenças psiquiátricas, como o suicídio e a violência.

Para termos uma ideia, uma mutação genética pode conduzir um sujeito a comportamentos de violência e imprudência. Conhecida como HTR2B Q20, essa mutação do gene HTR2B afeta os níveis de serotonina no cérebro, e esse neurotransmissor influencia o apetite, o sono e também o comportamento impulsivo. Esse estudo, na verdade, levanta a questão de que uma mutação pode predispor seus portadores a reagir sob o impulso do momento e de maneira irrefletida, ou, como chamo frequentemente, irracional. Antes de continuar, é bom ter em mente três aspectos importantes: 1) não é somente uma mutação genética que influencia o comportamento impulsivo, pois há outras forças atuando, como o ambiente, a cultura, a sociedade em que se vive; 2) o gene não age diretamente sobre o comportamento, mas sim sobre a produção de neurotransmissores, que, por sua vez, vão incidir no comportamento e, novamente, nunca sozinhos; e, mesmo se um único gene estiver ligado a um determinado comportamento, será difícil provar que tal gene é a causa direta dele; 3) é raro encontrar um comportamento controlado por um único gene, pois comportamentos envolvem múltiplos genes e uma combinação deles, segundo o Projeto Genoma Humano. Aliás, esses estudos contribuem muito para identificar as origens genéticas e não genéticas do comportamento impulsivo.

Agimos de maneira "incoerente" porque nosso cérebro é ancestral

A verdade é que tudo de estranho que fazemos é porque nosso cérebro, centro que gera todos os nossos comportamentos, parou de evoluir há milhares de anos. Isso nos faz agir de maneira incoerente e muitas vezes inexplicável. Nosso cérebro, local das escolhas e decisões, tem a mesma arquitetura dos caçadores-coletores entre 80 mil e 100 mil anos atrás. Não é incrível? Você, mulher, tão moderna, tem um cérebro primitivo que parou de evoluir na pré-história. E não pense que o seu comportamento de consumo é diferente disso, não. Você continua agindo como um caçador-coletor, mais especificamente como uma coletora, que era o papel que cabia às mulheres naquela época. Quando você vai ao supermercado ou ao shopping olhar vitrines, está agindo exatamente igual a seus tetravós.

A evolução demora muitas gerações, e a evolução humana é lenta porque somos uma espécie que leva tempo para amadurecer e tem um tempo de vida consideravelmente maior que o das outras espécies. Até crescermos e nos reproduzirmos, passam longos anos. Nós demoramos até para andar e ficar independentes da proteção dos pais. Animais levantam e andam em questão de 15 minutos, e nós levamos em torno de um ano para darmos os primeiros passos. Somos muito vulneráveis durante muito tempo. Nosso cérebro também não nasce tão pronto nem maduro como o dos outros animais. Um ambiente mais ou menos estável é outra condição para que uma espécie evolua durante muitas e muitas gerações. Por exemplo, se o clima é muito frio ou quente durante séculos, os indivíduos vão se adaptando à situação gradativamente, geração após geração, e no futuro se adaptam ao clima. Mas nós sabemos que no clima, assim como nas mudanças tecnológicas, na cultura e no campo social, as mudanças têm sido intensas, às vezes mais rápidas do que podemos acompanhar. Faz tempo que não temos um ambiente estável para que a seleção natural possa operar.

Nós, seres humanos, acompanhamos todas essas mudanças porque temos uma "caixa preta", como os neurocientistas chamam o cérebro, fantástica e muito bem arquitetada, mas não agimos moderna nem racionalmente na maioria do tempo. É como se houvesse uma competição entre dois tipos de evolução: uma horizontal, mais rápida, que passa de geração para geração (evoluções cultural, tecnológica e social) e outra vertical (evolução biológica) e bem mais demorada.

Por milhares de anos, nossos ancestrais viveram como caçadores-coletores na savana africana, em um ambiente estável, e nele foram se adaptando. Depois disso, com o advento da agricultura, tudo mudou muito rápido e talvez não tenha havido evolução biológica, e nosso cérebro, com sua arquitetura (anatomia e fisiologia), não tenha mudado. Essas são razões para termos ainda hoje características e comportamentos que nos fizeram bons caçadores-coletores. Os homens, caçadores com habilidades espaço-visuais que lhes permitiram seguir animais por dias e longas distâncias, sem um mapa para voltar para casa; e as mulheres, coletoras, com habilidades como memória para localização de objetos que lhes permitiam lembrar-se de arbustos e árvores com frutos. Isso tudo ainda está presente em nós, que continuamos a agir e ter as mesmas habilidades dos ancestrais africanos numa selva, agora de pedra.

A quantidade de informações que se tem numa cidade é muito grande e diferente da que tinham os hominídeos na savana e para a qual nosso cérebro foi preparado. Para processar toda essa informação, é preciso um esforço enorme do cérebro, que despende muita energia. Tudo isso pode causar a fadiga de atenção, um estado neurológico que acontece quando nossa atenção voluntária (aquela da qual temos consciência e usamos para nos concentrar em estímulos vindos do ambiente externo e que, ao mesmo tempo, ajuda a ignorar as distrações) fica desgastada. Os sintomas da fadiga de atenção incluem elevada distração, impaciência e esquecimento. E, se for muito severa, gera também aumento dos níveis de estresse. Dá para perceber que nosso cérebro não foi preparado para as mudanças sociais, culturais e tecnológicas que acontecem de maneira muito rápida. Há um grande descompasso entre a evolução vertical, que prepara nosso cérebro, e a horizontal.

Agora, imagine como funciona isso tudo quando estamos no shopping, em um supermercado ou mesmo em uma loja de departamentos. Nós, com um cérebro ancestral, preparado para a caça e a coleta, tentando buscar a melhor oportunidade num mar de produtos hipermodernos, com milhares de funções e recursos. É uma loucura, uma batalha interna em nossa mente entre as partes antigas do cérebro ("complexo R" e sistema límbico) e a parte nova (córtex pré-frontal), para evitar tudo o que é risco e buscar o que pode ser recompensa. Essa guerra inclui: o produto desejado, seu preço, a influência da marca, a exposição do produto na loja e todos os outros milhares de itens concorrentes que também estão a nossa frente, chamando a atenção e desafiando nosso controle emocional. Para contrariar todos esses impulsos ancestrais e irracionais, nosso cérebro conta com apenas uma camada que não é páreo para o poder das partes mais velhas. Entender tudo isso do ponto de vista biológico nos permitirá escolher e tomar melhores decisões de compra e consumo de produtos e serviços. Além do que pode melhorar consideravelmente nossa decisão quanto aos investimentos da família, às férias, ao futuro e a tudo o que envolva assuntos econômicos.

Entendermos que não somos razão pura nos traz calma para discernir o que está acontecendo e como podemos mudar nosso modo de agir. É o primeiro passo para trazermos os atos inconscientes para a consciência e aprendermos a lidar com eles sem aflições nem estratégias mágicas, como regimes mirabolantes ou práticas esotéricas. A incoerência é orgânica, está dentro de nós, e não nos astros, nas cartas ou nos deuses. Se soubermos os efeitos do ciclo menstrual – principalmente do período fértil – no consumo, poderemos evitar compras desmedidas; se entendermos o poder da ocitocina no organismo do vendedor, não vamos confiar em tudo o que ele promete; se percebermos que a falta ou o excesso de neurotransmissores nos faz buscar novas experiências para gerar recompensa e então gastamos mais do que podemos, poderemos fazer exames médicos e evitar erros prejudiciais para o dia a dia e o futuro. Melhor do que isso: evitaremos erros que cometemos com nossos filhos, esposas, maridos, familiares etc.

Se você tem uma filha de 13 anos e, como eu já fiz com a minha, a chama de patricinha, inconsequente, gastadeira e irresponsável com o dinheiro, precisa saber que, na verdade, o que ela tem é falta de dopamina, substância que a faz buscar novas experiências sempre. O consumo de um novo produto é apenas parte dessa voracidade que o organismo dela pede. A adolescente não entende nem sabe por que se comporta de tal maneira, por isso tome muito cuidado com o que você diz para não produzir efeitos negativos na cabecinha dela, nem correr o risco de dizer que fez o melhor e a menina é ingrata.

Que fique claro, para não haver pânico generalizado, que seus filhos não são doentes por falta de neurotransmissores ou porque têm muitos hormônios. Você também é assim, bem como seu marido e seus amigos. Todos nós temos desequilíbrios químicos, ausência de uma coisa e abundância de outra, e isso faz toda a diferença em nosso comportamento, seja lá qual for: de relacionamento, de atitude e também de consumo. Nosso corpo vive buscando a homeostase, que é o equilíbrio, e os hormônios têm papel fundamental nesse processo, mas não é um platô, que alcançamos e paramos nele. O ambiente externo vive provocando nosso organismo com mudanças, o que nunca lhe permitirá a estabilidade permanente. Adaptação, na concepção de Darwin, significa ajustar-se ao ambiente mutante, e é justamente isso que nosso corpo vive fazendo, portanto vivemos nos equilibrando e desequilibrando. É importante lembrarmos que nossos cérebros ancestrais são muito mal equipados para as demandas do mundo moderno, e isso acontece porque a evolução biológica (anatômica e fisiológica) é muito mais lenta e demorada do que a evolução social e cultural.

Na verdade, as dificuldades de compreender nosso comportamento de consumo vêm do fato de que nosso cérebro funciona muito bem para questões de sobrevivência e reprodução, que são demandas ancestrais de milhares de anos atrás e realizadas no ambiente natural que hoje é extremamente artificial, pois pescamos fora da água, nas ilhas de frios do supermercado, caçamos as presas fora da mata, mais especificamente no açougue, matamos a sede em garrafas, e não mais nas bicas, não percorremos distâncias a pé para achar as tais presas, vamos de carro, não colhemos frutos nem cereais na savana, pegamos nas prateleiras dos mercados. Continuamos a ter as mesmas necessidades básicas, mas agora não é preciso um esforço enorme para satisfazê-las, porque elas estão logo ali na esquina, e, se não quisermos sair da nossa "caverna", alguém entregará na nossa casa.

Agora, precisamos adaptar nossos conceitos, revê-los.

Precisamos entender que o consumo é influenciado mais por nossa condição orgânica do que pelas ações de marketing das empresas; mais pela fisiologia do que pela sociedade, pelos genes, pelos processos cerebrais, pelos neurotransmissores, pelos hormônios, pela ancestralidade e por tudo o que nos faz humanos. Somos seres biológicos, e as leis que nos governam são biológicas.

Espero que você também se acalme e passe a entender suas incoerências comportamentais depois de ler este livro, como aconteceu comigo. Pode parecer petulante, mas a minha intenção é salvar você de si mesmo, porque, se cada pessoa souber como se processa o comportamento de consumo, poderá ter consciência da inconsciência dos seus instintos, da irracionalidade, da natureza humana, e com esse conhecimento mudar sua maneira de agir, de gastar compulsivamente e comprar o que não precisa.

Você não vai conseguir ser totalmente racional, isso não! Mas vai entender o que se passa e daí se controlar, não deixando o sistema límbico e o cérebro reptiliano ganharem sempre. Vai usar o conhecimento para conter os ímpetos do "cérebro de lagarto". E o que é mais importante: vai diminuir sua ansiedade e a culpa que sente quando compra algo de que não precisava, porque no fundo (organicamente) precisava para promover, por exemplo, o aumento de um neurotransmissor ou, sei lá, por outro desequilíbrio químico do seu corpo. Sabendo disso, talvez você não compre nada caro ou além das suas possibilidades, mas algo que vá somente ajudá-lo a elevar tal substância naquele momento e, quem sabe, se conscientizar e procurar a ajuda de um médico.

Minha intenção é que, com esses conhecimentos, você descubra que algumas das suas escolhas têm relação excessiva com o fundo emocional. Identificando alguns padrões ou emoções que levam você a fazer escolhas não tão boas, ou mesmo ruins, é possível ter um segundo olhar, o que vai lhe proporcionar uma segunda chance para tomar a decisão mais adequada de compra.

Espero que você goste do livro. E, a partir de então, que seja muito feliz!

Capítulo

A felicidade está nas pequenas experiências, e não nos grandes produtos

1

É fato que metade dos ocidentais que têm bastante dinheiro está, mediante pesquisas, comprovadamente infeliz, e o enriquecimento não os tornará mais felizes a longo prazo, tampouco produtos caros e gastos exorbitantes. A adaptação é uma propriedade cerebral dos neurônios e neurotransmissores. As células nervosas respondem vigorosamente, por meio de sinapses, a um novo estímulo, mas gradualmente se habituam a ele, e da próxima vez o estímulo terá de ser ainda maior, por isso deixamos de ver graça nas coisas que possuímos, o que é chamado de adaptação hedônica. A teoria da adaptação hedônica está relacionada com o paradoxo de Easterlin. Essa teoria sustenta que a felicidade não deriva de dinheiro em si, mas a partir de diferenças relativas em termos de riqueza em comparação a outras pessoas em uma sociedade (o que está ligado à capacidade de sobrevivência e reprodução dentro do grupo) e que a satisfação com a vida cresce com a renda média, mas até certo ponto. Além desse ponto, o ganho marginal de felicidade declina. Acontece que, se temos menos prazer com uma compra, por causa dos nossos processos cerebrais, queremos comprar outra e mais outra, depois ainda outra coisa. Mas isso pode não acontecer se soubermos que são mecanismos cerebrais e que não podemos modificá-los, mas "enganá-los" em vez de nos enganar, justificando nosso comportamento sempre que erramos. Assim, aquele produto com que você sonhou por tanto tempo o faz feliz por muito pouco tempo.

A sensação de prazer acontece antes da compra, na expectativa de ter algo, e quando estamos inundados de dopamina. Depois dela, ou assim que compramos algo, essa substância cai drasticamente, e muitas vezes nos arrependemos da compra. "Então, por que compramos?" É a tal da "irracionalidade" que os economistas e financistas comportamentais tanto pesquisam. Mas pare e pense: se não é o dinheiro, mas sim a dopamina que nos dá prazer, por que compramos algo caro? Algo simples, mais barato, em princípio, pode nos dar o mesmo prazer. É bacana você se presentear de vez em quando, mas faça pequenas indulgências, e não grandes compras. Segundo Jordi Quoidbach, a relação entre a felicidade e os pequenos prazeres é maior do que a riqueza. De fato, eu me lembro de algo assim. Quando aos 14 anos ia para a fazenda do meu avô em Vista Alegre do Alto, uma cidadezinha no interior de São Paulo, onde nasci e fui criado até os 4 anos, sempre tinha um circo ou uma tourada pequena e os colonos da fazenda, que levavam uma vida simples, se arrumavam para ir ao espetáculo, botavam uma roupa de domingo, subiam na charrete e se dirigiam direto ao encontro do prazer, que para eles era o melhor que o mundo tinha a oferecer. E o que era ainda mais fantástico: eles podiam realizar. Eu, não! Sonhava em ir para a Europa, Estados Unidos, rodar o mundo, e não tinha dinheiro suficiente para isso. Portanto, eles eram felizes, e eu ainda não. São as tais pequenas e simples coisas da vida as quais, se prestarmos atenção, também nos farão felizes.

O estudo *Money Giveth, Money Taketh Away: the Dual Effect of Wealth on Happiness* (O dinheiro dá, o dinheiro tira: o efeito duplo da riqueza em relação à felicidade — tradução livre), desse mesmo pesquisador da Universidade de Liège, na Bélgica, mostra-nos que uma simples referência ao dinheiro – isto é, não é preciso ter o papel-moeda nas mãos, basta pensar em notas e cifrões – nos faz diminuir a habilidade de aproveitar as coisas simples. O que nos faz investir em algo mais caro ou comprar muitos objetos de que não precisamos e que pressupomos nos deixarão mais felizes é a antecipação do prazer processada em nosso equipamento cerebral primitivo, que não evoluiu tão rapidamente quanto a cultura e a sociedade. As modificações em nosso cérebro acontecem para favorecer a sobrevivência e a reprodução, são predisposições formadas na pré-história para que nossos longínquos antepassados fossem capazes de sobreviver num mundo hostil e desconhecido, e não neste mundo moderno em que hoje vivemos. Naquela época, tínhamos necessidade de aproveitar ao máximo uma situação favorável de consumo, hoje, não. Tudo estará à nossa disposição, em todos os lugares, numa quantidade imensa. Portanto, não precisa ter tudo agora e ao mesmo tempo. Mas, para isso, é preciso trabalhar nosso cérebro ancestral.

O que acontece é que nossos instintos nos dão respostas antigas para lidarmos com novos aspectos, como o da abundância. Embora tenha ocorrido um desenvolvimento sociocultural enorme de 150 anos até os dias de hoje, o cérebro humano (anatômica e fisiologicamente) não acompanhou tal evolução, pois ainda é semelhante ou igual ao dos hominídeos que viveram há milhões de anos. Para psicólogos evolucionistas, são necessários entre 20 mil e 200 mil anos para um organismo e seus órgãos adquirirem novas características biológicas provocadas pela pressão do ambiente externo.

Nossos ancestrais tinham necessidade de estar sempre à procura de mais e mais itens de sobrevivência. Essa necessidade é um processo físico-químico do organismo chamado adaptação hedônica, conforme mencionei anteriormente. Estudiosos em neurociência descobriram que uma forma de driblarmos a adaptação hedônica é consumirmos pequenos prazeres e experiências, pois esses pequenos prazeres não nos levarão à falência nem nos farão infelizes, afinal de contas, as experiências deixam recordações, os produtos, não. Compre pequenos prazeres em vez de grandes objetos. Uma massagem uma vez por semana, flores frescas para a sua casa e telefonemas para amigos são experiências que lhe encherão de prazer por um bom tempo. É o que recomenda a professora Sonja Lyubomirsk, da Universidade da Califórnia.

Evidências sugerem que, se usarmos um aumento salarial para comprar casas maiores, carros mais caros e muitos objetos, não seremos mais felizes do que antes. Mas, se usarmos esse aumento de renda para comprar experiências e bens simples, a felicidade estará presente a todo o momento. Quanto menos gastarmos com compras notáveis, melhor levaremos nossa vida, pois teremos mais tempo para viajar, nos exercitar, colocar a cabeça no travesseiro e dormir tranquilos.

Redirecione seu tempo e seu dinheiro para o que realmente tem importância para você, e não para o que importa para os outros ou para a sociedade. Como mostra John Naish, a autoconfiança tende a ser discreta e até invisível, e a insegurança aparece na ostentação de bens caros, grandes e chamativos. Esse mesmo autor também diz uma verdade incontestável: quem ostenta riqueza por meio de produtos se dá por meio de itens que ainda não foram quitados. É o que ele chama de exibição débito-crédito, e só atesta que pessoas que exibem seus bens em público provavelmente estão piores do que você em questão de tempo, autonomia e dinheiro.

Capítulo 2

Quer poupar e gastar menos? Aconselhe-se com seu endocrinologista e seu neurologista

A resposta dessa questão é encontrada quando vislumbramos o funcionamento do cérebro reptiliano e no sistema de prazer e recompensa. Nosso cérebro, que comanda os comportamentos com os níveis de hormônios e neurotransmissores, é louco por prazer e busca "aventuras" que o tragam para nós. Assim como a informação (pós-graduação, internet, celular e outras *cositas mas*), os objetos que nos fazem obter vantagens reprodutivas (carro, roupa, casa e afins) e manutenção da sobrevivência (alimento, bebida, remédios, e aqui também se encaixa a informação) são buscas incessantes do cérebro humano para nos manter vivos e aptos para repassar nossos genes a futuras gerações.

Os consultores em finanças pessoais constantemente recomendam cautela, e fazer poupança, a todos nós. Primeiro devemos fazer um diagnóstico financeiro para saber quanto ganhamos, quanto devemos, em que ordem devemos pagar, usar cartão de crédito somente em urgências, não pegar empréstimo pessoal, saber comprar roupas, comida, isto é, objetos e serviços, economizar nas contas domésticas, fazer tudo somente dentro do nosso orçamento e, depois de tudo isso, pensar onde aplicaremos o dinheiro que restou, se restou. Se estivermos na categoria "endividados", o conselho dos educadores financeiros é o de que renegociemos as dívidas com os credores, de maneira que possamos pagar. Orienta-se que sejam priorizadas as dívidas feitas com o cartão de crédito e com o cheque especial, porque obviamente os juros são mais altos. E quando chegam 30 de novembro e 20 de dezembro, eles nos recomendam pegar o décimo terceiro e guardar para uma eventualidade no futuro, ou seja, não comprar presentinhos de natal.

Pois é. Muito bonito, correto, seguro e racional. Mas nós não somos assim. A biologia, egoísta e maximizadora, nos molda para catar tudo o que podemos, porque amanhã pode faltar. Foi assim na savana africana com nossos ancestrais, e de lá para cá nosso cérebro não mudou nada.O sistema cerebral de recompensa e prazer grita pela roupa e pela maquiagem, porque você está ovulando e precisa se mostrar mais bonita que as outras mulheres, tudo de forma inconsciente. Seu marido, que se diz e se gaba de ser o equilibrado e racional da casa, também faz a mesmíssima coisa, cometendo erros idênticos aos seus. Compra aquele carro grande, vermelho, gastador e imponente, mas alega que é uma aquisição necessária para o conforto da família por quem ele tem a obrigação de zelar como homem da casa. Mentira! É a reprodução falando mais alto! Na verdade, ele compra com o cérebro primitivo, reptiliano, e se justifica (leia desculpa-se) com o cérebro novo, córtex pré-frontal (mentira). No fundo, por causa da sua química orgânica, ele quer mostrar-se poderoso para as mulheres e conseguir espalhar seus genes. Mesmo que não o faça, os hormônios, como a testosterona, o incitam o tempo todo. Detalhe: o macaco-japonês, aquele com traseiro e focinho vermelhos, é o que mais chama a atenção da fêmea, se reproduz mais e tem mais filhos. A fragata macho também tem papo vermelho para atrair parceiras. Pois é, seu marido não está sozinho no mundo animal! Ele usa as mesmas estratégias dos macacos e de algumas aves.

Pare e pense: quantas vezes você disse que não compraria mais roupa naquele mês e, sem que você esperasse, havia um corpete preto lhe chamando na vitrine de uma loja? E, para provocar, ele estava com 30% de desconto, em seis vezes no cartão. Assim como o seu marido, você joga a preocupação para o futuro, que é incerto e está longe, pensa e diz para si mesma que a oportunidade é única e que amanhã a peça já terá sido vendida – para outra mulher, que vai ficar mais atraente que você – e que, ainda por cima, está com um desconto incrível, imperdível, não encontrado em lugar algum (desculpa). É o cérebro primitivo assumindo o comportamento e o córtex justificando a besteira que está por fazer. Mesmo porque o tal corpete será usado poucas vezes, até você achar que não combina mais com seu sapato e aparecer um novo em outra vitrine.

O que quero mostrar é que, no fundo, é seu organismo quem determina incisivamente como você irá se comportar, e a economia dele é muito diferente da recomendada pelos consultores e educadores financeiros, que se baseiam num sujeito racional ao extremo, consciente de tudo e que faz cálculos de tudo o tempo todo. Um indivíduo puramente matemático e equilibrado, a quem damos o nome de *Homo economicus* e que não existe, nunca existiu e não existirá. Você é seu organismo e seu cérebro, mas fica impossível dizer que os controla, porque eles têm mais “conhecimento” das suas necessidades biológicas do que seu consciente pode perceber. Portanto, não fique triste nem se achando incapaz se não conseguir de imediato seguir os tais conselhos sensatos. Certamente eles também cometem erros em nome da química orgânica (seus hormônios e neurotransmissores).

Em minha opinião, os sujeitos que podem curar sua gastança são o seu endocrinologista, que trata seu equilíbrio hormonal e ajuda você a restaurar o balanceamento de tais químicas (o que a tornará mais calma e menos desejosa por objetos não necessários), e também o seu neurologista, que verificará os níveis de neurotransmissores, como a dopamina e a serotonina, que estão relacionados ao prazer e à recompensa. O importante é saber que existem forças internas agindo sobre seu comportamento e que muitas vezes você não as controla e sequer as entende. E daí tudo parece incoerente, mas só na concepção dos economistas, não na visão dos biólogos e dos profissionais de áreas afins.

Capítulo 3

Essa tal dopamina e o canto da sereia

Dopamina é um neurotransmissor (agente químico que faz a comunicação entre as células nervosas) que tem como função estimular o sistema nervoso central. Ela está associada a desordens psíquicas, como o mal de Parkinson e a esquizofrenia. Porém, está ligada a alguns comportamentos de dependência de jogo, sexo, drogas, álcool e, certamente, do consumo também. Verdade é que a dopamina é um neurotransmissor que ativa o centro do prazer em certas partes do cérebro e, por isso, nos induz ao vício, que é nada mais nada menos do que a vontade de repetir uma experiência gratificante. Nós, naturalmente, aprendemos a repetir todos aqueles comportamentos que maximizem as recompensas, e a dopamina está diretamente relacionada com o aprendizado e a aquisição de novos comportamentos. Ela ajuda o cérebro a aprender novas informações.

Pesquisas recentes a descrevem como o neurotransmissor *gimme more*, ou "dê-me mais". Acontece que a experiência da compra de algo desejado cria euforia e aumenta a liberação de mais dopamina no cérebro. Ela diz ao nosso cérebro: "Ei! Vá em frente", o que significa estar ligada não só ao efeito posterior e anterior à compra. Pesquisas apontam que essa substância aumenta a atração pelo objeto desejado, portanto ainda não adquirido. Ela cria desejos (por sexo, comida) e é ela que os profissionais de marketing tentam entender para nos convencer de algo. O uso exagerado do tal sistema de recompensa dopaminérgico é a causa do vício.

E tem mais: segundo Camelia Kuhnen, a recompensa potencial aumenta a ativação do centro de recompensa do cérebro, que, por sua vez, faz você se arriscar mais. É daí que vêm aqueles pensamentozinhos infernais: "é só dessa vez!", "depois eu trabalho e pago", "eu digo para meu marido que o vestido é da minha irmã" (essa, em particular, é muito usada pela minha esposa e pela minha cunhada. Elas nunca compraram nada, é tudo emprestado) que a atormentam e a fazem agir compulsivamente. A dopamina está relacionada não só ao prazer de comprar algo, mas à antecipação de tal prazer. Só de imaginar o produto, seu sistema de recompensa se ativa em função dessa substância.

As vitrines são um prato cheio para o consumo. Elas são preparadas para disparar seu sistema dopaminérgico. A iluminação da joia na frente da loja é para fazê-la brilhar mais do que o normal e você se imaginar usando-a. Os manequins sempre bem vestidos também. O edredom acolchoado numa cama *king size* e a TV tela plana com uma poltrona na frente deixam-na como um cachorro em frente a uma máquina de assar frango. Pois é esta a intenção da loja: provocar seu sistema de recompensa. Fique atenta, porque sua sala não tem aquela poltrona fantástica, sua cama não é *king size* nem tem aquela cabeceira maravilhosa. E você já não tem o corpinho do manequim, assim como o anel não vai brilhar tanto como você espera. E tudo isso vai parecer sem graça depois de algum tempo, mas seus neurônios vão pedir mais e mais a cada dia.

Segundo Martin Lindstron, a descarga de prazer que você sente quando está na expectativa de comprar algo é uma faceta evolutiva, que ajuda você a incrementar o sucesso reprodutivo, porque a compra é a possibilidade de lhe trazer status. Em nós, homens, isso é uma praga. Aquele carro novo é exatamente o que precisamos, e você também, para atrair parceiros e manter os nossos genes vivos nas próximas gerações.

Tendo aprendido que é bom, seu cérebro vai pedir sempre. Mas lembre-se de que o segredo é não ficar pensando. Distraia-se, faça outra coisa, mude o foco, e você conseguirá evitar uma comprinha desnecessária. Eu, só de ver livros na internet, acho que eles são fundamentais para mim, e que sem eles minha vida não seguirá em frente. Daí, compro os tais livros e não aproveito nem uma frase. Outra dica é não frequentar tanto as mecas do consumo, como os shoppings. Não faça deles locais de passeio semanal em família, vá a um parque. Porque, se você me disser que vai até lá só para comer ou tomar um cafezinho, eu não vou acreditar. Lembre-se: só de imaginar, seu sistema de recompensa é ativado, imagine vendo os produtos que chamam sua atenção, como sereias chamam marinheiros.

Cuidado, porque, segundo pesquisas recentes, seu cérebro decide pela compra de um produto milésimos de segundos antes que você tenha consciência disso. Não é culpa sua, mas, sabendo disso, você pode se controlar. Outra coisa é que o efeito da dopamina é curto e isso significa que você voltará a comprar se isso lhe trouxer prazer. E traz, você sabe disso.

Uma viagem bacana para uma cachoeira perto da sua cidade, que não lhe custará nada, também vai ativá-lo. Um piquenique com a família e amigos num parque verde da cidade fará o mesmo, assim como um passeio de bicicleta num dia ensolarado. Mude suas perspectivas, sua vida e seus valores.

Capítulo

4 Como funciona o vício das compras

O efeito mais conhecido do vício no cérebro é a subversão ou insubordinação do mesencéfalo ou sistema límbico, no qual se encontra o circuito da recompensa e da motivação. Essa é a malha de conexões onde estão os neurônios dopaminérgicos, aqueles que contêm o neurotransmissor chamado de "dê-me mais". Esses neurônios têm propriedades reforçadoras dos vícios porque aprendemos a repetir comportamentos que levam a maximizar as recompensas. Enquanto não tivermos tal objeto ou serviço, nosso organismo, mais especificamente nosso cérebro, não sossegará. É uma herança ancestral de sujeitos que viveram num ambiente de incertezas, de tudo ou nada, agora ou nunca.

Mas existem outras áreas influenciadas pelo vício, como a ínsula e o córtex pré-frontal, que medeiam autoconsciência e impedem o comportamento impulsivo. Nessa última área é que estão o controle de arroubos consumistas e a consciência das consequências em longo prazo das nossas decisões, tornando-nos menos impulsivos e mais planejadores. Ela é que nos faz criar um arquivo de conta-corrente no *laptop* ou comprar um caderno para controle das contas. Também é ela que nos faz poupar ou depositar mensalmente numa previdência privada, fazer uma reserva de caixa para eventualidades, como o carro, que sempre tem uma surpresinha, e guardar dinheiro para a faculdade das crianças daqui a dez ou doze anos. A briga entre o mesencéfalo, buscando recompensa imediata, e o córtex pré-frontal, querendo cuidar do futuro, é um cabo de guerra. Isso porque nosso cérebro é dinâmico, ou seja, apesar de uma área parar enquanto a outra se ativa, todas as áreas permanecem mais ou menos ativas o tempo todo. Alguns autores afirmam que o sistema límbico (mesencéfalo, porque está no meio do cérebro) vence na maioria das vezes, mas eu acredito que o córtex pré-frontal, com muito esforço, determinação e treino, pode sair vitorioso. Basta que não sejamos radicais cortando tudo e que satisfaçamos pequenos desejos frequentemente, cuidando para não exagerar. A dica é: separar um dinheiro para nossas indulgências.

A ínsula também está envolvida com o vício pela compra. Essa área funciona como uma espécie de intérprete do cérebro, porque traduz cheiros, sabores e sons em sentimentos de nojo, desejo, orgulho, culpa, arrependimento e empatia. Nela, experiências são transformadas em sentimentos. Ela prepara nosso organismo para as situações que estão por vir. Por exemplo, se está frio fora de casa, é a ínsula que, ativada, ajusta nosso metabolismo para enfrentar o ambiente. Ela modula a resposta do organismo a estímulos. Isso significa que a música, o visual e o cheiro da loja se transformam em sentimentos, e a ínsula prepara nosso organismo para a aventura do comprar. Todas as informações que estão dentro da loja são processadas na ínsula e traduzidas na vontade, na ânsia de comprar. A loja bem arquitetada nos faz agir, nos envolve por meio dos sentidos e provoca o vício. Por isso que é tão difícil ir ao shopping e não comprar nada. A atmosfera de consumo está no ar.

O ato de comprar, como todas as atividades prazerosas, rebobina o cérebro. A atividade provoca liberação de dopamina e, portanto, comportamentos prazerosos fazem o cérebro pedir bis, e a repetição cria aprendizado. Daí para frente, queremos mais, mais e mais. Lembra-se? A dopamina é a substância do "quero mais"!

Meu filho de 6 anos, Lucas, é uma prova do quanto o ato de compra pode se tornar um vício. Quando nosso dia está corrido, vamos até o shopping para almoçar, e ele me pergunta (sempre):

— Posso comprar alguma coisa?

Quer dizer, ele não tem um objeto em vista, algo que queira, mas sim o objetivo de comprar seja lá o que for. O erro aqui é social e cultural, porque eu o levei ao shopping, mas há uma base biológica do comprar e do possuir. Nele é ainda pior a ação do vício das compras porque, na idade em que está, o córtex pré-frontal está formado, mas ainda não amadurecido, o que só vai acontecer lá por volta dos seus 20 anos. Isso significa que ele não consegue julgar o que é certo e o que é errado, como um adulto faz. Não compreende que é preciso economizar, que é necessário guardar para o futuro. Poupar, para ele, é algo difícil de entender, já que seu pequeno organismo quer satisfazer seus desejos imediatamente. Nesse caso, o sistema límbico vence o córtex pré-frontal facilmente.

Como vimos em capítulos anteriores, apenas a imagem de um determinado produto ou serviço, que vemos em propagandas de TV ou mesmo em revistas e *outdoors*, já pode fazer com que os queiramos. As sugestões das empresas provocam aquela ânsia vulcânica por consumo. Esse é o efeito das pistas subliminares que as empresas provocam em nós.

Agora que sabemos como se processa aquela vontade de comprar e que ela acaba gerando um vício e que, por causa disso, somos naturalmente propensos ao vício das compras, precisamos parar e ativar nosso córtex pré-frontal.

Pare, vá para um local em que você não veja o produto e faça algumas perguntas a si mesma, como: "Eu realmente preciso disso neste exato momento?". "Posso esperar mais um pouco, até aliviar meu cartão de crédito?". "Existe algo que substitua esse produto?". E daí por diante.

Eu fiz isso e funcionou muito bem. Sabe meu vício por livros? Um dia, parei diante da prateleira da livraria, vi um livro que me interessava muito sobre a história da educação (sou mestre em educação nas empresas e quero estudar neuroeducação) e me fiz todas aquelas perguntas. Consegui sair da livraria sem o livro e me senti muito bem. É incrível, mas ter o controle da situação também faz um bem danado! Senti-me forte, poderoso e feliz. Depois de agir assim, você também ficará muito orgulhosa de si mesma.

Como disse antes, e vou repetir incansavelmente, existem outras atividades além da compra que lhe trarão prazer e inundarão seu cérebro de dopamina. Praticar esportes é uma delas. Pode ser uma corrida e, se for um esporte de aventura, melhor ainda. Faça isso com seus filhos também e você verá que eles ficarão menos consumistas e muito, mas muito mais saudáveis.

E cuidado com as propagandas! Veja-as com mais critério. Tente ver não somente o produto, suas características e benefícios, mas a mensagem por inteiro.

Capítulo 5

Por que as promessas de Ano-Novo quase sempre falham?

É sempre muito difícil cumprir as metas de compra para o ano seguinte, como: parar de consumir *junk food*, não exagerar nas compras de sapato, pegar leve nas aquisições de roupa. Você escreve em papel e queima para a resolução subir ao céu; outras colocam num barco e jogam ao mar. Enfim, são várias as estratégias usadas para se convencer, mas acontece que o seu cérebro clama por prazer imediato e adia todo o sacrifício. Não há mandinga que dê certo, pois o processo é químico. Isso não significa que você seja fraca e não tenha determinação. A culpa é da dopamina. Um site americano, o "43things", fez uma enquete para saber quais eram as resoluções mais populares para 2011. Olha só o que apareceu:

— Em primeiro lugar, 3.569 pessoas disseram que iriam definir uma meta de exercícios, como correr de 5 km a 10 km; em segundo lugar, 3.412 prometeram comer, beber, aprender ou experimentar algo novo; já em terceiro lugar, 2.784 alegaram que perderiam peso; em quarto, 1.826 pessoas falaram que tirariam fotos todos os dias durante um ano; em quinto lugar, apareceram 1.635 falando em guardar dinheiro; em sexto, 1.597 pessoas alegaram que manteriam um bloco de notas para registrar momentos incríveis; em sétimo,

1.570 prometeram ser felizes em 2011; em oitavo, 1.504 juraram que iriam ler pelo menos um livro por mês; já no nono lugar, 1.371 pessoas disseram que dormiriam o suficiente; por fim, em décimo lugar, 1.301 sujeitos prometeram conquistar um emprego. A pesquisa é americana, mas me parece local, porque notamos as mesmas promessas todos os anos entre nós e nossos amigos.

Nosso cérebro tem padrões de comportamento inatos e não aprendidos que não são facilmente modificáveis, algo que os americanos chamam de *hard-wired*. Isso significa que ele vai optar pelo fácil e recompensador. Mas há alguns truques para quebrar esses maus hábitos, os quais citarei no final deste capítulo.

Quando a dopamina age, aquele prazerzinho inicial, que é muito bom, provoca áreas no cérebro, como a amígdala e também o *nucleus accumbens*, deixando um rastro químico que traz o prazer. Então, como nos proporciona bem-estar, nosso organismo vai pedi-lo sempre. Assim é o vício, assim é a compulsão por consumo. Agora, imagine você querendo quebrar esse ciclo, que é inato e se processa de maneira inconsciente. É difícil, porque a repetição do ato se torna um hábito insistente.

Uma área rica em dopamina, denominada estriato cerebral, memoriza os rituais e as rotinas que estão ligados à obtenção dos prazeres. Eventualmente, alguns eventos externos provocam essa área, que aciona comportamentos automaticamente. Nos seres humanos, o estriato é ativado por estímulos associados com algum tipo de recompensa.

Por não termos conhecimento, tendemos a superestimar a capacidade de resistir às tentações ao nosso redor e, com isso, vamos minando as tentativas de mudar os maus hábitos, como a compra e também o consumo exagerado de produtos e serviços. Passamos a comprar produtos de que não precisamos porque o ato de comprar nos faz bem, liberando a famosa dopamina. Lora Nordgren, da Northwestern University's Kellogg School of Management, diz que as pessoas têm a arrogância de pensar que possuem autocontrole, achando que podem lidar com coisas que na verdade não podem. Mas isso também está cravado no cérebro, e não é culpa nossa, nem pretensão, mas da natureza humana. Viciados, em geral, sempre acham que podem parar quando quiserem, porque têm o controle sobre seu comportamento. Vontade todos nós temos, mas o controle da química cerebral não é tão simples assim.

Nossas emoções são produtos químicos, e não algo fora de nós. É assim que o cérebro funciona, por meio de trocas de sinais entre os neurônios, que são químicos. Nosso cérebro, mais especificamente nossa amígdala, libera impulsos químicos. É nesse momento que sentimos raiva, medo, alegria, tristeza e por aí vai. Todas as emoções que sentimos, que funcionam como uma resposta para o mundo ao nosso redor, são resultados de ações químicas cerebrais. Veja bem: nossos pensamentos também são químicos e, portanto, não é tão fácil como parece decidir e tomar atitudes com datas marcadas. Há uma cascata de química orgânica trabalhando, o que, em princípio, parece contra nossos objetivos, mas, como venho dizendo, o aspecto biológico é um processo favorável a nós. São defesas do organismo para proteger a vida e impulsioná-la para a reprodução.

Vê-se então que não temos livre-arbítrio. Essa é uma discussão antiga entre filósofos, sociólogos, antropólogos, etólogos (que estudam o comportamento dos animais), psicólogos e neurocientistas, e ainda dá pano para manga. Muitas vezes, nosso corpo decide pela gente em função da manutenção e nos avisa depois. Você não tem consciência de tudo o que o seu organismo faz, basta imaginar que, neste exato momento, várias ações internas estão sendo tomadas, sem que você tome ciência disso, para a manutenção da sua vida e para que você busque parceiros com a intenção de perpetuar seus genes. Tudo para manter o equilíbrio orgânico. Internamente, há um comando corporal silencioso que intermedeia reações às provocações dos ambientes interno e externo. Tudo o que acontece fora, como o contato com outras pessoas, a temperatura ambiente, as ameaças, é interpretado pelo organismo, via cérebro, que toma decisões por você e a faz agir ou se comportar de uma determinada maneira. Saiba, então, que a química está por trás das suas atitudes. Mas não use isso como desculpa, pois pensamentos também podem mudar a química cerebral.

Os truques e as dicas dos cientistas para acabar com os maus hábitos são:

1. repita, repita e repita o novo comportamento (ir ao shopping sem comprar algo, por exemplo, apenas para passear). Siga a mesma rotina no mesmo dia e horário, sempre;
2. recompense a si mesmo pelo tempo em que se manteve firme. Mas cuidado para não se presentear com o mesmo produto ou serviço que está tentando parar de comprar e consumir. Quem sabe uma curta viagem, um jantar ou cinema;
3. controle seu nível de estresse, porque ele pode fazer você reativar o circuito que promovia o hábito indesejado;
4. lembre-se de cortar os rituais ligados aos seus hábitos, por exemplo, usar a desculpa de tomar um café com amigas para ir ao shopping. Mantenha o café com amigas, mas mude o local. Eu sou craque em tomar café nas livrarias dos shoppings e acabar comprando um livro de que não preciso.

Capítulo

6

O nível de testosterona vai cair, e você vai mudar!

Que os níveis de hormônio se alteram nas mulheres durante a gravidez, no nascimento e na lactação, já se sabe há muito tempo. No entanto, estudos recentes têm sugerido que os pais também passam por um processo de mudança hormonal por ocasião do nascimento dos filhos. Segundo Gad Saad, grande autor e pesquisador na área de psicologia evolucionista, a Mãe Natureza é uma grande equalizadora de comportamentos. Quando nascem os filhos, o nível de testosterona masculino tem uma queda enorme imediatamente após o nascimento. Uma explicação para esse fenômeno é que ele é um mecanismo de adaptação destinado a concentrar as energias de um homem sobre o investimento parental, isto é, nos seus filhos, e a manter o sujeito longe das preocupações de acasalamento. A redução nos níveis de testosterona de um homem é a maneira de a natureza liberá-lo da busca incessante de sexo e reorientar suas energias em seu filho recém-nascido.

As evidências sobre esse fato vêm crescendo, pois se descobriu, com várias pesquisas nos Estados Unidos e até na China, que os níveis altos de testosterona masculina estão relacionados positivamente com o esforço para o acasalamento, ou seja, os comportamentos de competição entre machos e de busca de parceiras. Já os baixos níveis de testosterona, por sua vez, têm sido associados com a união monógama de filiação e os cuidados paternos. Estudos feitos por Richard Udry mostraram que um alto nível desse agente químico aumenta a predisposição a ter relações sexuais e, em função disso, um maior nível de testosterona costuma trazer problemas para o casamento, porque aumenta as chances de o homem ter relações extraconjugais. James Dabbs e Alan Booth analisaram as relações amorosas de 4.462 pessoas, homens militares entre 30 e 40 anos, e notaram que os sujeitos com níveis altos de testosterona eram menos propensos a se casar e, quando casados, divorciavam-se com maior facilidade.

Numa pesquisa feita pela Universidade de Pequim, com a intenção de expandir os resultados obtidos na América e ver se eles se repetiriam em culturas diferentes, foram investigadas as variações entre os níveis de testosterona salivar entre homens com condições parentais e conjugais diferentes. Descobriu-se, então, que os homens solteiros tinham níveis de testosterona pouco mais elevados do que os homens casados, mas que ainda não eram pais, e níveis bem mais elevados em comparação com homens que eram pais. Esses últimos apresentaram níveis significativamente menores. Isso indica que a união monógama e o cuidado parental também podem estar associados, no sexo masculino, com variação dos níveis de testosterona. Daí, para ligarmos com o consumo, é apenas um passo.

Estudos americanos mostraram que os homens envolvidos em relacionamentos em que se encontram comprometidos, embora não estejam casados, também apresentam baixos níveis de testosterona em comparação com os que não estão se relacionando seriamente. Outras pesquisas relatam maior nível de testosterona entre os homens que estão se divorciando. Quer dizer, tudo vem a confirmar que essa substância orgânica tem relação direta com a reprodução, mas não com a manutenção dos genes. Em outras palavras, o menor nível de testosterona em pais reflete sua retirada da arena competitiva pela busca de parceiras sexuais e seu envolvimento no cuidado paternal. Mas isso não indica que irá parar de consumir produtos e serviços. O que pode acontecer é que o sujeito, com menos testosterona, compre objetos para casa, livros, filmes, brinquedos e tudo o que esteja relacionado à manutenção da prole ou criação dos filhos. Não há mais investimento em busca de parceiras para reprodução. O perigo aqui é a relação: menos academia e mais bebida.

Capítulo

7 Escute esta: música faz você comprar!

Há muito se sabe, pelo menos no mundo do marketing, que a música influencia o comportamento das pessoas. Por esse motivo, as empresas, fundamentalmente os supermercados, usam esse artifício para vender mais. É uma técnica de merchandising no ponto de venda. Funciona da seguinte maneira: quando o supermercado está vazio, a música, mesmo que baixa, é calma, para que você aja vagarosamente e compre mais. Em contrapartida, quando o local está cheio, como em dia de pagamento, a música é sempre acelerada, para que você e as outras pessoas que nele estão tenham ações rápidas, escolham rápido, comprem rapidamente e saiam rapidamente para dar lugar a outras pessoas que querem entrar.

Miiliman, já em 1982, tinha pesquisado e descoberto que, quando um supermercado toca música lenta, as vendas brutas aumentam 38% por pessoa, em comparação com as vendas realizadas ao som de música rápida. Mas, agora, pesquisadores em neurociência estão descobrindo os mecanismos cerebrais que nos impelem a agir. Antes se sabia da influência da música pelo comportamento observado, agora os estudos estão indo mais fundo, bem mais fundo, na química cerebral. Gostamos e somos atraídos por música pelo mesmo motivo que somos atraídos por sexo, drogas, jogo e comida deliciosa. A música afeta a percepção do tempo do consumidor, reduz a ansiedade, melhora o humor, alivia a depressão, além de diminuir a frustração.

Pesquisadores, usando equipamentos de diagnóstico por imagem em neurologia, descobriram que a música, que é um estímulo abstrato, pode despertar nas pessoas sentimentos de euforia e ânsia, da mesma forma que recompensas tangíveis ou não abstratas. Eles observaram que no pico da excitação emocional, durante a audição da música, há liberação de dopamina no sistema estriado, um conjunto de áreas ligado ao controle motor, cognição, emoções e aprendizado. Mais especificamente, o núcleo caudado fica mais envolvido com a antecipação da experiência emocional da música e o *nucleus accumbens* mais com o pico da música. Isso significa que a antecipação de uma recompensa abstrata, como a música, pode liberar dopamina, excitando o sistema nervoso. Agora, dá para entender por que a música nos influencia no comportamento de compra.

Robert Zatorre e Valorie Salimpoor fizeram um estudo com voluntários, que escolheram diversos tipos de melodia, como música clássica, jazz e tango. Durante a realização da pesquisa, os autores analisaram a liberação de dopamina com dados da atividade cerebral, ritmo cardíaco, temperatura e outros sintomas. Então, notaram que algumas pessoas sentiam até arrepios de prazer ao escutar as melodias favoritas. Pois é, a tal da dopamina tem efeitos incríveis em nosso cérebro. O jovem é a maior prova disso, pois busca inundar o corpo com dopamina das maneiras mais absurdas: praticando esportes radicais, fazendo rachas nas ruas, pichando muros e também ouvindo música, muita música, e num volume absurdo. Quem já não implicou com filhos que não tiram seus mp3 *players* do ouvido por nada, nem no carro, nem no almoço… Pois é, eles querem prazer, o bem-estar que a dopamina traz, e a música é que faz esse neurotransmissor ser produzido. Por isso, pare de implicar com seus filhos, irmãos ou primos adolescentes. Saiba que a música traz mais prazer do que o seu papo de adulto.

A verdade é que a música nos faz felizes e, quando estamos felizes, compramos mais ou, pelo menos, temos mais impulsos de compra. Existem inúmeros fatores – o cheiro da loja e do produto novo, que tratarei em outro capítulo, a embalagem, os espelhos e a música. Tudo isso provoca nosso sistema nervoso, o qual produz dopamina, e somos impelidos ou instigados por nosso organismo a comprar. E é quando você compra aquele vestido de marca caríssimo de que nem precisa. Meu conselho é que você fique atenta, por mais baixa que seja, à música ambiente, porque ela vai influenciar seu comportamento de consumo. Saiba que tipo de música está tocando e o que a loja quer de você – rapidez, que a faz comprar errado ou sem atenção por causa da pressa? Ou vagarosidade, que também faz você ficar muito tempo num ambiente provocativo, cheio de tentações? Em ambos os casos, você não vai fazer a melhor escolha se pensar em não comprar porque não precisa daquele objeto. Outro conselho é não levar o seu mp3 às compras, pois ouvir música, ainda mais as de que você mais gosta, pode fazer estragos na sua conta corrente. Para comprar, é preciso estar "acordada", atenta a tudo que a rodeia, sem provocações ambientais que vão desequilibrá-la emocionalmente (positiva ou negativamente).

Capítulo 8

A música faz você encher a barriga e esvaziar o bolso

Descobriu-se também que a música age sobre nosso bolso não só nas lojas e nos supermercados, mas também em restaurantes. Era só o quc faltava!

Foi feita uma pesquisa nesse tipo de estabelecimento para investigar como o compasso da música (velocidade com que o ritmo progride) influencia o tempo e o dinheiro gastos pelas pessoas numa refeição. O resultado é inacreditável! A pesquisa mostrou que, quando a música que está tocando é lenta, os consumidores gastam significativamente mais tempo do que quando a música do restaurante é acelerada. Acontece que o tempo real não muda, mas a percepção dele, sim. E o ritmo da música influencia também no dinheiro gasto com comida e bebida.

Especificamentc, essa pesquisa tinha a intenção de investigar a percepção do tempo decorrido quando eram ouvidos tipos de música diferentes, com tempos musicais diversos. Provou-se, com tal estudo, que o tempo tende a ser superestimado quando as pessoas estão expostas a músicas com grande propriedade de envolvimento. Isso significa que, quando você gosta da música ou ela é lenta, há mais influência sobre seu estado emocional, e você pensa que o tempo está passando mais rapidamente do que realmente está. Ao contrário disso, quando você está exposta a uma música alta ou rápida, que também influencia seu sistema nervoso, o tempo é mais vagaroso, demora a passar. Até o serviço parece demorar mais, e você acaba por reclamar da demora no atendimento.

A pesquisa mostrou que os clientes de restaurantes sob a condição de um som ambiente lento ficam em média 13 minutos e 56 segundos mais tempo do que os sujeitos que ouviram música rápida. Quanto ao dinheiro gasto e sua relação com a música: mais do que na comida do restaurante, a diferença aparece mesmo nas contas dos drinques e bebidas em geral. Miiliman, que já tinha feito pesquisas sobre o tempo da música em supermercados, na década de 1980, descobriu que, quando a música é lenta, a conta dos grupos de consumidores, em média, é 40% maior no quesito bebida do que a conta daqueles submetidos às músicas rápidas. A relação fica assim: quanto mais lenta a música, maior o consumo de bebidas.

Nessa altura, que já sabemos que a dopamina está por trás disso tudo, fica fácil entender como a música pode influenciar o comportamento de consumo em restaurantes e bares. Ela opera sobre os processos cognitivos e emocionais das pessoas, modificando a percepção do tempo. A partir de agora, mais informada, se for a um restaurante, esteja ciente do tipo de música que toca e do quanto quer gastar. A minha dica, para variar, é: peça contas parciais para que você não perca a noção do tempo e saiba exatamente o quanto está gastando. E, se a música estiver "errada", acelerada ou alta demais, não brigue com o garçom, pois é sua percepção que está enganada e fazendo com que tudo pareça mais demorado do que realmente é. Fique de olhos e ouvidos bem abertos se não quiser que suas bebidas ultrapassem 40% da sua conta.

Capítulo 9

Restaurante pequeno é bom e não engorda

Jantar em pequenos restaurantes faz toda a diferença para quem não quer engordar. Esse é um fato muito curioso do comportamento humano, cujo sentido se faz à luz da evolução humana e do comportamento de bando que herdamos dos nossos ancestrais comuns com os animais. Se formos a um restaurante pequeno, provavelmente consumiremos menos, porque somos incentivados a nos empanturrar quando estamos em restaurantes grandes e cheios de gente. Isso acontece porque, em ambientes grandes, surge a urgência de nos alimentarmos o mais rápido e na maior quantidade possível. Nosso cérebro primitivo nos diz para comermos tudo o que pudermos. E vorazmente. Cientistas vão além e concluem que o som de muitas pessoas falando e a visão dessa quantidade de gente parecem sobressair sobre os sinais de saciedade enviados do sistema nervoso entérico (intestino) para o cérebro propriamente dito.

Adultos comem mais quando estão na presença de outras pessoas do que quando estão sozinhos. Pense em quando você fica só e tem de fazer almoço para si mesma. O que acontece? Você pensa: "Por que vou cozinhar só para mim? Como qualquer coisa e pronto!". É naquela situação que surge a tal "fome de leão", porque você age como um deles, devorando rapidamente tudo o que pode. Situação essa fácil de notar em restaurantes de fast-food e também naqueles que são self-service por quilo. As pessoas já estão naturalmente com pressa, no intervalo do trabalho, e daí vem o *herd behavior*, ou comportamento de bando, que nos faz agir igual ou conforme a massa de pessoas ao redor.

Esse fenômeno, apresentado na pesquisa de Julie C. Lumeng e Katherine H. Hillman, com o título de *Eating in large groups increases food consumption* (Comer em grandes grupos de pessoas aumenta o consumo de alimento - tradução livre), é chamado de facilitação social e indica o aumento de certo comportamento apenas com captação de sinais de outros da espécie, engajados numa mesma atividade. Acontece no esporte, nos negócios e em várias outras áreas, inclusive na alimentação. É o efeito de grupo por meio do qual a mera presença de outros indivíduos afeta a eficiência do comportamento do sujeito. O que ocorre é uma excitação fisiológica pela presença de outras pessoas e, com ela, a urgência de angariar tudo o que se pode, numa competição ou disputa de forças e capacidades. Isso ocorre porque, para nossos ancestrais, saber quando comeriam novamente era algo imprevisível, que gerava uma ação química no organismo, preparando-o para a provável escassez.

O mesmo fenômeno de forrageamento pode acontecer em locais de compra de alimentos, como os supermercados. A compra desenfreada de natal ou outras datas festivas, por exemplo, feita por algumas pessoas, pode incitar outras a adquirir coisas que não comprariam normalmente. Basicamente, a teoria do forrageamento ótimo, estudada em biologia, etologia e ecologia, estipula que o organismo procura, de certa forma, maximizar a absorção de energia por unidade de tempo, ou seja, deve se comportar de modo a encontrar, capturar e consumir alimentos que contenham o máximo de calorias, e essa tarefa tem de acontecer no menor tempo possível. Portanto, são "ordens" internas do nosso organismo que influenciam tal comportamento de consumo.

Olha só! Adultos humanos comem de 30% a 50% mais em grupo do que quando estão sozinhos. Em vez de uma porção, uma porção e meia. Imagine quando são alimentos calóricos e ricos em gordura. Na visão das ciências humanas e sociais, até poderíamos pensar que isso acontece porque estamos em grupo, em interações sociais nas quais ficamos mais tempo conversando, mais tempo em contato com a comida e, portanto, comemos mais. Mas a explicação é biológica porque somos, antes de tudo, seres biológicos, e o que nos faz comer com tal avidez é, na verdade, o medo de ficarmos sem. Assim, o fazemos rapidamente e procurando comer a maior porção possível.

A quantidade de alimento e a velocidade com que comemos estão definitivamente correlacionadas com o número de pessoas presentes no local. Uma vez que os organismos sociais apresentam mudanças de comportamento pela presença de outros da sua espécie, e isso é algo processado de maneira inconsciente, a minha dica é: sempre que puder e quiser, evite restaurantes grandes e com muita gente, bem como as praças de alimentação dos shoppings ou churrascarias. Esses ambientes a farão comer muito mais do que se estivesse num local pequeno e mais calmo. Numa ocasião especial, tudo bem. Mas, se você precisa almoçar fora todos os dias, escolha bem aonde vai comer: procure um lugar pequeno, calmo e aconchegante.

Capítulo 10

Seu cérebro primitivo é que cuida da despensa

A tarefa de encontrar alimentos não era nada fácil para nossos ancestrais hominídeos. Por isso, além de comermos demais, fazemos estoques deles na despensa de casa e na geladeira, e, ao menor sinal ou indício de falta de algum produto, corremos ao supermercado e compramos o máximo que podemos, mesmo sem necessidade. O que foi uma estratégia inteligente no passado para se prevenir contra períodos de escassez está se tornando uma tortura nos dias atuais. John Naish usa uma expressão que revela esse nosso anseio por comida: "O sino do almoço toca o tempo todo". Isso significa, segundo ele, que a vida inteira nós antecipamos a fome e comemos para preveni-la, como se fosse faltar comida algum dia. É por esse motivo também que nosso carrinho de supermercado está sempre abarrotado de produtos que nossa família não vai comer, que nossos pratos estão sempre mais cheios do que conseguimos comer. A expressão que ilustra esse comportamento é muito antiga e ainda muito sábia: "Ter o olho maior que a barriga".

Nosso cérebro nos faz gostar muito de comida e não nos deixa esquecê-la, como uma estratégia básica para nossa sobrevivência. Um caçador-coletor deveria ser capaz de encontrar comida mais rapidamente e em maior quantidade que os outros indivíduos da sua espécie. Essa capacidade é que garantia a passagem dos genes para novas gerações e traria para nossa geração tantos problemas, como o da obesidade. Os centros de recompensa no cérebro vivem nos atentando para repetirmos a experiência.

Outro problema que surge em função do nosso cérebro primitivo é que, cada vez que temos uma nova experiência de consumo de alimento, nosso apetite aumenta. Se incitamos nosso cérebro positivamente, passamos a gostar de tal produto, mesmo aqueles que de início não parecem tão gostosos, como a bebida alcoólica ou mesmo os energéticos modernos. Se o produto provocar o cérebro e ainda tiver alto teor de gordura, o que significa muita energia para o organismo, melhor ainda. O problema está no fato de que quando comemos algo gorduroso – e o mesmo vale para os doces –, o cérebro nos recompensa com opioides endógenos ou produzidos pelo próprio organismo. São substâncias químicas corporais que, como as drogas, produzem doses elevadas de euforia e levam à dependência.

Nós somos movidos pelos desejos e somos vorazes no consumo instintivo. Segundo Naish, poderíamos ser chamados de *Homo expetens*, ou o "homem que quer", isto é, seres desejosos. Numa pesquisa com ratos, Johnson e Kenny notaram que a *junk food*, leia-se fast-food, provoca reduções profundas na sensibilidade dos centros de prazer, ou seja, cada vez mais é preciso ingerir mais comida para adquirir a mesma quantidade de prazer. Tudo se dá à maneira que acontece com os viciados em heroína, que cada vez querem mais drogas para se sentir bem. E mais: em outra parte da pesquisa, os cientistas davam choques tanto nos ratos que comiam uma dieta normal como nos que comiam *junk food*; os primeiros deixaram de comer em função do castigo, mas os da outra dieta, gordurosa e calórica, não deixavam de comer apesar do castigo. Isso explica muita coisa e nos ajuda a entender que, aos poucos, devemos mudar nossa alimentação. E passamos a compreender a razão de o mundo estar engordando e a obesidade ser uma preocupação mundial tratada como uma "epidemia".

Os ambientes em que encontramos alimentos (padarias, supermercados, restaurantes, lojas de conveniência, *delicatessen*, lanchonetes, entre outros) são criados e projetados para atentar e instigar insistentemente os circuitos do desejo, o que nos faz querer mais. Nossos olhos brilham nesses lugares, principalmente quando estamos com fome. Nosso cérebro é inundado de química ligada à recompensa quando colocamos os olhos naquela quantidade de comida, variedade de embalagens, profusão de cheiros e cores. Os supermercados são preparados para essa provocação, e o nome dela é merchandising. No ponto de venda, os produtos são expostos de maneira calculada para provocar nossos sentidos, e, na sequência em que eles são distribuídos, um lembra a necessidade do outro. Alimentos básicos sempre estarão no fundo do supermercado para que você percorra toda a extensão da loja e leve mais produtos do que precisa realmente. As embalagens cada vez mais coloridas chamam a sua atenção como se fossem vorazes vendedores e, não por acaso, estão sempre na altura dos seus olhos e ao alcance das suas mãos. Vez ou outra, eles mudam o produto de lugar para que você não se acostume a passar por apenas um ou dois corredores, mas, como disse, por todas as áreas da loja.

Para Brian Wansink, nós tomamos mais de 200 decisões sobre comida todos os dias, e 90% delas são inconscientes. É o cérebro primitivo decidindo por nós na maioria das vezes. Leva aproximadamente 20 minutos para o nosso estômago avisar o cérebro que ele está cheio.

O pesquisador ainda diz que a maioria das pessoas tem fome emocional, e não física. E mais! Que pessoas que assistem à TV por 60 minutos comem 28% a mais do que aquelas que veem por 30 minutos. Com todos esses dados, fica muito difícil controlar a compulsão, não é? Não vou dizer que é fácil, mas você pode se controlar usando mais o córtex e não se deixando levar pelas emoções ou pelo seu "homem das cavernas" interno.

Meu conselho para você é: fique atenta! Não vai faltar mercadoria, por mais que as empresas anunciem que são as últimas unidades. Não caia nos apelos de "ligue agora" ou naquele que diz "últimas unidades". Se você prestar atenção, amanhã, depois de amanhã e o mês inteiro, e o restante do ano todo, vai aparecer o mesmo apelo para o mesmo produto. Saiba que nunca uma empresa vai deixar faltar produtos, pois não é interesse dela. As promoções voltam sempre. Não estoque comida, pois não haverá escassez, compre somente o necessário para a semana, por exemplo. Se você tiver uma experiência prazerosa de consumo, seu cérebro vai pedir um repeteco e atormentá-la, principalmente se for algo gorduroso ou doce. Cuidado com a *junk food*, porque ela reduz a sensibilidade dos centros de prazer e isso fará você ingerir cada vez mais (vezes e quantidade) para ter a mesma quantidade de prazer que teve nas ocasiões anteriores. Antes de comprar alimentos, coma algo. Antes de comprar cerveja, por exemplo, beba uma água bem gelada. Essas táticas ajudam você a moderar a quantidade que vai comprar. Fique atenta porque os alimentos processados, além de não satisfazê-la, estimulam o apetite e reforçam seu desejo futuro por repetição.

Se puder seguir mais um conselho, que seja o dos nossos velhos pais: refeição é para ser feita à mesa, e não assistindo à TV. Afinal de contas, isso, além de não reunir a família, ajuda a engordar.

Capítulo 11

Você tem o olho maior que a barriga

Pois é, esse ditadinho antigo está mais atual do que se imagina quando se trata de comer fora de casa. Quando for a um restaurante, preste muita atenção ao cardápio. Ele é cheio de pegadinhas que você nem imagina, mas que eu vou lhe contar agora: alguns deles usam o que os pesquisadores chamam de preço chamariz, colocando um item muito caro lá no topo do cardápio para que outros pratos pareçam ter preços mais razoáveis. Pesquisas em economia comportamental comprovam que os comensais não escolhem o mais caro nem o mais barato, optando por um prato que está descrito no meio do cardápio. Outra técnica é que os restaurantes usam adjetivos apetitosos e descrições mais elaboradas ao lado de um prato menos rentável com menos descrição. Funciona muito bem. O neuromarketing tem usado muito esse tipo de estabelecimento para as suas pesquisas, porque os restaurantes costumam mudar a oferta, os menus e os preços, e dá para ter um feedback rápido do que está funcionando e do que não está.

Esses estudos estão bem avançados nos Estados Unidos e lá já existe uma atividade que se chama engenharia de menu, a qual explora o crescente número de pesquisas científicas que descobrem a melhor maneira de descrever o prato, a letra que deve ser usada e também a forma como o preço deve ser apresentado. Para você ter uma ideia, está na moda colocar preços somente com o numeral e sem o cifrão de real, o que fica mais amigável. Outra estratégia é chamada de preço psicológico pelos profissionais de marketing. As pessoas gastam menos quando aparece o símbolo do dinheiro. Funciona da seguinte maneira: para que a refeição ou mesmo produtos em lojas pareçam mais baratos, basta usar o preço quebrado abaixo do preço cheio, por exemplo, R$ 499,99, que não está no patamar dos R$ 500,00. Nosso cérebro lê como mais barato, mesmo a diferença sendo de somente um centavo. Colocar o sinal de real num cardápio nos faz lembrar que estamos gastando. Especialistas estão trabalhando com os estabelecimentos para fisgar nosso estômago por meio dos instintos, e não da razão, caso contrário, não pagaríamos por um almoço ou jantar. Os restaurantes, no fundo, estão criando experiências, e não apenas uma refeição.

A verdade é que, como nas propagandas, os menus de restaurantes estão cheios de mensagens subliminares, e nós tomamos em média mais ou menos 200 decisões sobre comida todo santo dia, e a maioria delas se dá de forma inconsciente. Analisando tudo, concluo que vivemos pensando e decidindo sobre comida o tempo todo. Adicionemos a esse fato os restaurantes nos provocando constantemente, com mensagens escondidas, ou melhor, disfarçadas no cardápio. É lógico que só pode resultar em despesas desnecessárias. É juntar a fome com a vontade de comer, não é mesmo?

O projeto do cardápio, como disse, tem várias pegadinhas. Uma delas é inspirada em layouts de jornais de grande circulação, colocando os pratos mais rentáveis, o que não significa serem os mais caros, mas sim os que dão mais lucro, no canto superior direito da página inicial. Outra jogada é colocar a foto ou a descrição superelaborada dentro de um retângulo pontilhado, ou mesmo com um espaço em branco ao redor, fazendo parecer que ele fica fora do cardápio. Se adicionar a isso uma foto ou um desenho com um ícone (pimentão, cebola), será ainda mais eficaz.

Se o tipo de letra do cardápio for mais desenhado ou serifado e fizer uma descrição grande ou demorada sobre o prato, você acabará pagando mais pela comida. Isso acontece porque, quanto mais rebuscada a letra e maior a descrição, a impressão que você tem é de que tal prato é mais elaborado e demora para ficar pronto. Pois é. O que uma letra diferente não faz com sua percepção! Os restaurantes, querendo justificar seus altos preços, usam os tipos de letra mais difíceis de ler, técnicas que enganam sua mente. Colocar palavras grandes também ajuda, segundo pesquisadores.

Preço psicológico, *decoy marketing* e preços sem cifrão são técnicas que os restaurantes têm usado para que os pratos pareçam mais baratos do que são. Para que você possa ter uma experiência incrível num almoço ou jantar com amigos, família ou mesmo um almoço de negócios, sem que a conta seja exorbitante, preste atenção no primeiro preço e no último também. Outra dica é não cair na jogada do preço psicológico porque R$ 39,90 está na casa dos trinta, mas é quase R$ 40,00. Quanto aos números sem cifrão, não deixe seu cérebro enganá-la, porque o que vem na conta do restaurante é a mesma quantidade em dinheiro, tendo ou não o símbolo na frente do preço. E está comprovado que as pessoas gastam significativamente mais quando não veem o símbolo do dinheiro na frente do preço, o que elimina a dor ou o sofrimento do pagamento. Observe também o tipo de letra e a descrição do prato. Não caia no engodo de que a letra rebuscada descreve pratos mais elaborados. Não é para você deixar de sair com sua família ou com amigos, muito pelo contrário. Só peço que preste atenção nas pegadinhas que podem tornar a conta salgada e trazer uma baita indigestão financeira.

Capítulo

12 Cartões de crédito e débito engordam você

De acordo com pesquisadores de várias universidades americanas, as pessoas estão mais propensas a comprar alimentos não saudáveis quando fazem compras no supermercado e pagam com cartão de crédito ou débito. *Dois são os fatores que promovem esse comportamento. O primeiro é que alimentos não saudáveis provocam respostas impulsivas em você, e o segundo fator é que os pagamentos em numerário ou "dinheiro vivo" são psicologicamente mais penosos, mais doídos, ativando a ínsula ou córtex insular cerebral, o que não acontece com os cartões de plástico. Portanto, a dor do pagamento pode conter sua impulsividade num supermercado, isto é, preserva a saúde do corpo e do bolso também.*

Os autores fizeram uma análise do comportamento de compra de mil famílias durante seis meses. Elas foram divididas em dois grupos: as que pagavam com cartões e as que pagavam em dinheiro. Ambos os grupos compraram a mesma quantidade de alimentos essenciais – batata, arroz, brócolis – e também prestaram atenção no valor nutricional e nos preços dos produtos. Foi descoberto que havia uma proporção maior de alimentos classificados como impulsivos e insalubres nos carrinhos de compra das famílias que utilizavam cartões de crédito ou débito. As que compraram com dinheiro não se deixaram iludir pelos corredores abarrotados de doces, revistas de fofoca e ofertas incríveis no caminho do caixa. No fim das contas, as pessoas que pagaram com dinheiro compraram muito pouca bobagem alimentícia, as que usaram o débito compraram mais porcarias e as que compraram com cartão de crédito foram as campeãs de compra de bobagens.

Mas essa descoberta tem outra informação ainda muito importante: o cartão de crédito ou débito é um vilão da obesidade. Eles nos engordam. Pesquisadores sugerem que pode haver uma conexão entre a obesidade crescente, nos Estados Unidos, e a forma de pagamento de compras de alimento. De acordo com dados do Centers for Disease Control, muitos adultos naquele país estão obesos e quase 40% de todas as compras são pagas com cartões. Pode haver uma relação entre esses dois fatos, pois o uso dessas "pestes de plástico" foge do controle do indivíduo, que não é voluntário ou consciente. Obviamente não é só isso, mas certamente é um dos fatores. Mais um bom motivo para não usar seu cartão.

Outra pesquisa sobre o uso de cartão no McDonald's descobriu que as pessoas gastam 47% a mais do que se comprassem o sanduíche com dinheiro. Não é incrível? São 47% de calorias a mais só por usar essa tecnologia de pagamento, e não o papel-moeda. Imagine quando o dinheiro de plástico for substituído pelo dinheiro virtual ou *e-money*!

Pense dez vezes antes de levar seu cartão de crédito ou débito para passear no supermercado. Ele pode morder suas economias ou sua intenção de fazê-las. Suas contas irão crescer e seu peso também. Separe um montante de dinheiro, uma máquina calculadora, e vá somando produto por produto colocado no carrinho. Assim, você estará usando mais o seu córtex, e não abstraindo o processamento da ínsula. Isso fará com que você restrinja suas compras e não leve "bobagens" que só farão mal para você e sua família inteira.

Lembro-me de uma história que vem a calhar. Certa vez, minha esposa levou nossa filha, Giovanna, ao pediatra Dr. Pedro Palocci e disse a ele que a menina comia bolachas demais e que ela já não sabia mais o que fazer. Daí o pediatra fez uma cara de espanto, impressionado, e disse: "Mas que incrível! A Giovanna tem apenas 2 anos e já sabe fazer compras no supermercado!". Minha esposa ficou bem sem graça e acabou rindo de si, pois as bobagens era ela quem comprava e, detalhe, com cartão de débito.

Saiba: finança pessoal é 80% comportamento e você precisa mudar os hábitos que a fazem gastar mais. Para mudá-los, a primeira tarefa é entendê-los. Use o bom senso quando for às compras; sua saúde, física e financeira, e sua boa forma agradecem.

Capítulo

13

Autoestima se compra com cartão, e não com dinheiro

Olha só que curioso: as pessoas procuram itens caros, luxuosos e marcas que tragam status e (pasme!) pagam com cartão de crédito, quando estão se sentindo por baixo, com a autoestima no pé, de acordo com um estudo publicado na *Social Psychological and Personality Science*. Incrível, mas quando o ego de uma pessoa é ameaçado por ela ter feito uma tarefa errada e ouvido que não é tão boa quanto as outras esperavam, ela vai reparar a autoestima usando o cartão de crédito em compras de itens caros e marcas de grife. Isso tudo acontece porque, segundo Niro Sivanathan, da London Business School, e Pettit Nathan, da Cornell University, "despedir-se" ou separar-se do dinheiro é psicologicamente doloroso, mas usar o cartão de crédito não dói e você usa quando está se sentido mal ou se achando incapaz.

A pesquisa foi realizada com pessoas que faziam um teste ambíguo no computador. Para metade delas, os pesquisadores disseram que sua pontuação havia sido baixa em raciocínio espacial e habilidade lógica, isto é, uma maneira científica de dizer que elas não eram muito inteligentes. Para a outra metade, disseram que a pontuação foi alta. Sinal de inteligência. Em outra etapa, perguntaram a todos de que forma pagariam por produtos que estivessem considerando comprar. Os que tiveram seu ego ameaçado foram mais propensos em afirmar que pagariam no crédito, e não em dinheiro.

Em outra pesquisa dos mesmos estudiosos, dessa vez com 150 universitários, Niro e Pettit pediram a todos que pensassem numa compra de *jeans*. Metade foi orientada a considerar a compra de um par de calças exclusivas, de grife, que traria muito status. Para a outra metade, foi pedido que se considerasse a compra de um *jeans* nada caro, para o dia a dia. Depois disso, os alunos passaram por um teste de computador. Alguns receberam a notícia de que tinham ido bem, outros, de que tinham um escore baixo na tarefa. As pessoas desse segundo grupo com a autoestima ameaçada se disseram intencionados a pagar quase 30% mais por um *jeans* de luxo e 60% delas tinham a intenção de efetuar o pagamento com seu cartão de crédito. Mais uma prova da ligação da estima com o consumo de luxo e marcas poderosas.

O curioso é que os itens de luxo são especialmente eficazes em nos tranquilizar quanto ao nosso valor como pessoa. Esquisito, mas é assim. E nem as taxas de juro cobradas pelos cartões nos fazem perder esse ímpeto, muito pelo contrário. Não queremos sofrer mais do que já estamos, dando dinheiro e fazendo a ínsula cerebral ativar-se. Esse fato pode trazer consequências desastrosas para a contabilidade familiar, e, além disso, vem a ressaca moral, que consiste no sentimento de ser ainda pior, mais fraco ou incompetente. Uma bola de neve!

Então, quando você receber uma crítica do marido, que tem a mania de nunca elogiá-la e só apontar seus erros, ou mesmo quando seu chefe não a valorizar e só mostrar seus erros, certamente, na hora do almoço, você vai sair e comprar itens caros e usar o cartão de crédito. E, depois que você gastar, vai se sentir ainda pior. E lá vem mais crítica em vez de socorro, ajuda e compreensão. Daí você começará a esconder roupas, sapatos e bolsas em casa, bem no fundo do armário, de preferência dentro de malas, ou na casa da sua irmã, para seu companheiro pensar que não é seu e você está somente pegando emprestado.

Vamos parar com isso já! Você é uma pessoa muito, mas muito bacana e merecedora de tudo. Não deixe que niguém a convença de que é fracassada ou ruim no que faz! A dica é: não se perturbe, nem leve em consideração. Palavras como "parabéns" ou frases como "Você é muito boa no que faz" são raras as pessoas que têm coragem de dizer, porque você passa a ser melhor do que elas. Em contrapartida, existirão várias pessoas para colocá-la para baixo. Não é por causa desses babacas que você vai se descontrolar e sair gastando. A compra de uma roupa, bolsa e sapato, principalmente, faz muito bem para sua autoestima, mas não precisam ser caros nem de marca. Vá dar uma volta, até para refrescar a cabeça, e compre algo para si, mas não leve o cartão de crédito. Apenas um pouco de dinheiro para alguma coisa simples, que a fará feliz, ainda mais bonita e trará sua autoconfiança e estima de volta. Você não precisa de coisas caras, de luxo nem de marca para provar seu valor!

Quando voltar para o trabalho ou para casa, olhe bem para eles e pense: "Que dó! Eles só me rebaixam porque têm a autoestima ainda mais baixa".

Capítulo

14
Mais do que apenas um rostinho bonito

O rosto humano comunica uma infinidade de sinais visuais. Um rosto atrativo ativa o centro de recompensas do cérebro, motiva o comportamento sexual e ajuda também a desenvolver alianças com pessoas do mesmo sexo. O mais difícil disso tudo é separar os traços que identificam um sujeito como atrativo, a proporcionalidade, a simetria facial, o dimorfismo sexual, uma expressão agradável, uma boa aparência e também a juventude. A psicologia evolucionista e seus pesquisadores têm proposto que todas as características citadas dizem respeito à saúde, isto é, o sujeito ser simétrico é sinal de saúde, e a quantidade de hormônios que ele tem e que são representados em sua face também. Esses cientistas sugerem que evoluímos para ler certos recursos como atrativos, porque anteriormente foram apresentados por sujeitos saudáveis que passarão para seus filhos a resistência às doenças. Portanto, essas características ficaram gravadas em nossa memória ancestral. E, no fundo, essas características são, de certa forma, ligadas entre si.

Existe uma visão de longa data, das ciências sociais, de que os padrões de beleza são estabelecidos de maneira arbitrária e pelas convenções culturais, mas, na verdade, existem duas evidências indicando que a atratividade é herança biológica e depois cultural. Uma dessas evidências é que pessoas de diferentes culturas geralmente concordam quando avaliam e escolhem rostos atrativos. A outra é que a beleza ou a atratividade surge logo cedo no indivíduo, quando ainda bebê, e bem antes de a influência cultural começar a agir. A verdade é que a atratividade tem relação com a seleção sexual, afetando e dirigindo as escolhas de parceiros para reprodução. Essa escolha se dá por meio de várias influências, uma delas são os traços faciais, pois o rosto é um indicativo de saúde e, portanto, de um bom indivíduo para se misturar com seus genes.

O valor reprodutivo no ser humano não pode ser avaliado diretamente, porque a ovulação é oculta, e as dicas do valor reprodutivo da mulher aparecem em outras várias partes do corpo, como no rosto, que dão ao homem sinais de que aquela mulher é saudável e boa para reproduzir, gerar e criar a prole. São dicas que o organismo da mulher dá ao sujeito para que ele possa escolher a mais saudável entre elas. E, para as mulheres, servem como atrativos para que elas possam selecionar seus parceiros, que também dão sinais de bons genes pelo corpo, inclusive no rosto.

Você e eu sabemos que não temos todas as características da atratividade sexual presentes em nosso organismo. Talvez a maioria não as tenha e isso é que alavanca um mercado enorme de cirurgia plástica, cosméticos e produtos de higiene pessoal. É o mercado da beleza, que, no fundo, é o mercado da reprodução e manutenção dos genes. É preciso ser mais jovem, mais simétrica, ter um rosto mais feminino e proporcional. Quem não tem tudo isso compra.

Homens e mulheres se diferenciam bastante na puberdade. Nos homens, a testosterona estimula o crescimento da mandíbula, das maçãs do rosto, da testa e de pelos no rosto. Nas mulheres, o aparecimento desses traços é inibido pelo estrogênio, um hormônio que induz as células de alguns locais a proliferar, alargando os quadris, desenvolvendo as mamas e também aumentando o tamanho dos lábios, no rosto. É aqui que começa um mercado de milhões e milhões de dólares.

No livro *O macaco nu*, Desmond Morris alega que os lábios vermelhos dos seres humanos foram “projetados” para imitar os órgãos genitais, mas outros alegam que os lábios vermelhos são uma forma de sinalização de saúde da mulher, que tem um bom estado hematológico, mostrando, por exemplo, que não tem malária. O rosto corado é sinal de saúde, e, sempre que vemos alguém com maçãs do rosto vermelhas, achamos que é uma pessoa rica. Minha filha, Giovanna, uma vez, ao sair do colégio, me disse, que os meninos com bochechas avermelhadas têm aparência de ricos e saudáveis.

Já dá para perceber que, além da simetria, que é corrigida com diversos produtos de maquiagem, um rosto corado é importante para demonstrar saúde e, a partir de então, ser notada, cortejada e poder escolher a dedo o sujeito que vai ser o pai dos seus filhos. Não é sem fundamento que o batom é o item de maquiagem mais popular entre as mulheres, que não saem sem esse “tubinho” na bolsa, e também o mais vendido no mundo todo. E que os tons de vermelho, rosa, vinho e até laranja disparam na preferência feminina (e na masculina também). No blog www.loucaporcosmeticos.com.br, que tem mais de 6 mil seguidores, as blogueiras Taiana, Aline, Jana e Sabrina fizeram uma pesquisa com garotos e concluíram que esses mesmos tons são os que agradam aos homens. Cores diferentes, como azul e preto, não fazem sucesso algum entre eles. É a biologia falando mais alto e os artifícios criados pelo marketing ajudando a ressaltar um traço evolutivo.

Sendo assim, você deve ter sempre um batom vermelho ou de tons similares ao vermelho, além de um *blush* para dar um aspecto saudável. Caso contrário, dê uma mordidinha nos lábios e uns beliscões no rosto. Outra certeza é a de que você não deve gastar dinheiro com batons diferentes lançados pela indústria cosmética por alguma alucinação de gerentes de produtos, pois, por mais que você tenha personalidade, a atratividade é julgada pelos espectadores, e eles não curtem.

O batom vermelho também vai ser muito comprado quando você estiver ovulando, porque precisa se mostrar mais exuberante. Essa, naturalmente, já é uma época em que sua beleza estará no pico, mas não custa nada dar mais uma ajudinha. Só não exagere no gasto comprando batons extremamente caros, porque, provavelmente, isso não fará grande diferença. As promotoras das lojas dirão que "a eficiência é proporcional ao valor", dando a impressão de que, quanto mais você gasta, mais bonita ficará. Isso não é verdade. Em geral, mulheres tendem a gravitar em torno de altos preços por causa do nome das marcas de produtos de beleza. Sabe por quê? Simplesmente por causa da associação do nome com boa aparência. Saiba que marcas mais caras podem pagar modelos mais caras e famosas. Seus neurônios-espelho entram em ação, e você, que tem empatia pela modelo que aparece na TV ou revista, cria uma ligação entre o produto que ela anuncia e a beleza dela, procurando o mesmo para si. Olhos abertos!

Capítulo

15

Espelho, espelho meu! Existe alguém mais bonita do que eu?

Vendedoras bonitas, esbeltas e até atléticas fazem você gastar mais do que havia planejado. Sabe por quê? Por causa do tal neurônio-espelho. Neurônio, você sabe, é o tipo de célula que compõe o sistema nervoso e transmite mensagens através da sinapse. São 100 bilhões dessas células somente no cérebro. Mas há um tipo delas que foi descoberto por cientistas em Parma, Itália, e é a estrela da década nos estudos neurológicos. Sua descoberta e os estudos que estão sendo realizados são equiparados à importância das descobertas genéticas.

Os neurônios-espelho e suas funções foram descobertos em 1994, por três renomados neurocientistas: Giacomo Rizzolatti, Leonardo Fogassi e Vittorio Gallese. Os pesquisadores constataram que a simples observação de ações alheias dos macacos-rhesus ativava as mesmas regiões do cérebro dos observadores, sem que eles estivessem se mexendo. A descoberta foi acidental, pois eles estavam testando a atividade de neurônios motores. Quando os macacos pegavam um amendoim, a ativação dos neurônios motores gerava um barulho através de um equipamento. Mas, numa das vezes em que um dos cientistas entrou no laboratório e pegou o amendoim, o macaco estava quieto e, mesmo assim, ouviu-se o tal barulho. Isso significava que somente ao olhar alguém fazendo algo os neurônios se ativavam. Após sete anos, em 2001, um grupo de cientistas coordenado por Giovanni Buccino, na mesma cidade italiana, decidiu pesquisar e ir mais a fundo no assunto desses tais neurônios-espelho. Usando ressonância magnética funcional (fMRI), eles mediram a atividade cerebral de voluntários que estavam imóveis, enquanto assistiam a um vídeo que mostrava sequências de movimento de boca, mãos e pés. Conforme a parte do corpo do sujeito que aparecia na tela se mexia, havia uma ativação intensa no córtex motor dos observadores, na região que correspondia à parte do corpo em questão, ainda que eles se mantivessem absolutamente imóveis. A partir de então, essas células passaram a ser chamadas de "neurônios da empatia".

A explicação evolutiva para a existência dos neurônios-espelho é a de que tais células nervosas existem para que se possa entender a ação das outras pessoas. Quem tivesse essas células obteria sucesso adaptativo por antecipar os movimentos dos outros indivíduos ou mesmo a empatia, o que significava também adaptação, porque poderia ajudar os indivíduos do grupo, por sentir o mesmo que eles. A empatia nos proporciona sentir as emoções dos outros, identificar e compreender seus sentimentos e suas motivações, e ver as coisas de outra perspectiva. Os neurônios-espelho ajudavam a compreender, através dos movimentos, o que os outros estavam fazendo e quais suas intenções, o que era fundamental para a sobrevivência, continuidade e evolução da espécie.

A maior parte da nossa comunicação é basicamente feita pela observação das ações e dos movimentos realizados pelas pessoas ao nosso redor. Fazemos esforço para entender e avaliar a intenção e os objetivos desses movimentos, o que inclui gestos manuais, pequenas mudanças da voz e de expressão facial, além de outros tipos de movimento. Tudo isso nos permite perceber o que as pessoas querem nos comunicar implicitamente, sem uso da vocalização.

Mas o que os neurônios-espelho têm a ver com o nosso comportamento de consumo de produtos? A resposta é: tudo! Desde quando observamos alguém pegar algo na prateleira de um supermercado e inconscientemente imitamos esse gesto pegando o mesmo produto, até os comerciais de TV em que assistimos as pessoas por quem temos empatia vendendo alguma coisa, nossos neurônios se ativam. Mesmo quando lemos uma história, essas células nervosas influenciam nossa motivação para o consumo.

Imagine você entrando em uma loja de roupas no shopping e dando de cara com uma mulher linda de rosto, olhos grandes, cabelos maravilhosos, esbelta, atlética, com seios lindos e um bumbum de dar inveja. Certamente, quando você a encontra, ela está vestida com roupas da loja. Sabe o que vai acontecer? Acertou! Você vai comprar as roupas que ela usa, mesmo não tendo consciência disso. Se ela for simpática, aí você leva tudo! É a tal da empatia. Você, na verdade, compra a imagem e a atitude dela. Compra a ideia de que pode ficar tão bonita quanto ou mais, mesmo vestindo alguns números acima dos dela. Os comerciais de TV têm o mesmo efeito e é por isso que eu desconfio da eficiência dos comerciais com mulheres e homens comuns. Todas as mulheres querem ser lindas como Gisele, como Malu, como Cláudia. No supermercado, quando uma mulher ao seu lado pega um produto específico, se você não tiver muita certeza do que vai comprar, levará o mesmo produto que ela está comprando.

Além de tudo isso, a identificação é ainda maior quando a pessoa que está lhe vendendo algo é sorridente. Pesquisadores fizeram estudos sobre o sorriso e o comportamento de compra. Numa situação fictícia, pediram que voluntários se imaginassem dentro de uma agência de turismo, dentro da qual havia três pessoas para atendê-los: uma apática, outra sorridente e outra aborrecida. Quer arriscar com quem os pesquisados disseram querer conversar? É. A sorridente. A mesma pesquisa revelou que um sorriso no rosto evoca mais alegria em você do que na própria pessoa que está com tal expressão na face.

E aí vai o conselho: quando for a uma loja, saiba a influência que a vendedora linda e sorridente tem sobre seu comportamento de maneira inconsciente. Não compre as roupas que ela está usando por sugestão, pois você pode ficar ridícula ou nem as usar, ficando com o armário cheio e a conta vazia. Quanto aos comerciais de TV, veja-os criteriosamente, pois você não é Gisele, tampouco parecida com ela, e não se assemelha nem um pouco com a Malu, muito menos tem a altura da Cláudia. Não compre todos os produtos que elas anunciam, somente aqueles que têm a sua cara, que combinam com você. Cuidado também ao ler histórias em revistas de moda, comportamento ou fofoca. Elas contêm depoimentos de artistas e modelos, e seus neurônios-espelho vão pedir as mesmas coisas. Saiba quando recusar, discernindo o que combina com você e o que só combina com aquelas celebridades.

Capítulo

O vermelho, os hormônios e o consumo

16

Em várias espécies primatas, a cor vermelha aumenta a atração do macho pela fêmea. As experiências têm mostrado que essa cor leva o homem a ver a mulher como mais atraente e mais sexualmente desejável. Os homens não são conscientes desse efeito. A cor vermelha não influencia as percepções masculinas sobre outras características da mulher, como a bondade, a simpatia nem a inteligência. Está realmente ligada à reprodução, ao acasalamento. E o vermelho também não influencia a percepção de atratividade das mulheres na visão de si mesmas.

A cor vermelha exerce influência direta no organismo, fundamentalmente na pressão sanguínea. Audrey K. Pahmer fez um experimento interessante intitulado *How Does Color Affect Blood Pressure?* (Como a cor afeta a pressão sanguínea), cujo objetivo era saber que cores afetavam a pressão sanguínea e de que maneira. A aposta de Pahmer era de que as pessoas expostas ao vermelho e ao amarelo teriam sua pressão aumentada e, ao contrário, com a exposição ao azul e ao verde, a pressão diminuiria. A pesquisa testou 30 pessoas, colocando-as em boxes de caixas de papelão fechadas e pintadas com as cores que deveriam ser pesquisadas. As pessoas tinham entre 15 e 50 anos, eram colocadas primeiramente em caixas brancas para medir a pressão. Depois elas descansavam por cinco minutos e, então, eram encaminhadas para as próximas caixas aleatoriamente, nas quais permaneciam por dois minutos. Isso se repetiu com as 30 pessoas, que passaram por todas as caixas, sempre começando pela branca. Os resultados foram claros: as cores amarelo e vermelho aumentaram realmente a pressão sanguínea, enquanto a verde baixou e a azul não teve efeito ou resultado significativo na mudança do sistema circulatório.

Outra pesquisa, feita por Ian D. Stephen, Vinet Coetzee, Miriam Law Smith e David L. Perrett, publicada no site da PLOS ONE, mostra que a perfusão sanguínea na pele depende da saúde circulatória e hormonal. Assim, ela fornece pistas "sociossexuais" e promove o status reprodutivo, sendo, portanto, importante para a escolha do companheiro. Em alguns primatas, já se sabe que a cor vermelha aparece em machos saudáveis e dominantes. Em experiências com macacos-rhesus, cientistas notaram que a vermelhidão no rosto é uma resposta orgânica ao aumento de testosterona nos machos, e em outras espécies aparece também na pele das fêmeas, perto dos órgãos genitais, em função do aumento dos níveis de estrógeno no ovário. Isso tudo para chamar a atenção de indivíduos do sexo oposto, em que a vermelhidão age como um sinal da condição reprodutiva. Nos macacos-japoneses, a mesma ação tem a cor vermelha, que indica altos níveis de testosterona e é encontrada em sujeitos com dominância social no grupo. Aqueles que não têm essa característica acentuada evitam conflito com os que a têm. Nas fêmeas dessa espécie, a cor vermelha na face está associada com a fertilidade ao longo do cio, indicando qualidade reprodutiva.

Há, portanto, bastantes evidências de que indivíduos da mesma espécie reagem a sinais da cor da pele. Nos seres humanos, a vermelhidão da pele causada pela vasodilatação na cútis também tem relação com o estado fisiológico do sujeito, incluindo seu estado de saúde. Nas mulheres, o aumento da vascularização da pele está associado aos níveis de hormônios sexuais. O aumento de oxigenação no sangue, que provoca a tal vermelhidão, está associado à aptidão aeróbica, enquanto a desoxigenação sanguínea aumentada é indicativa de doenças coronárias e respiratórias. Desse modo, a coloração é interpretada por observadores como uma indicadora de saúde.

A distribuição da cor do pigmento (sangue e melanina) na pele pode indicar, além de uma aparência saudável, também a idade e a atratividade da face humana, tanto nos homens como nas mulheres. A relativa luminosidade das características e da pele afeta a atratividade e a aparente feminilidade ou masculinidade dos rostos. E não para por aí. Outras pesquisas mostram que esportistas que vestem vermelho são vistos como os mais prováveis para ganhar a competição, possivelmente porque o vermelho é interpretado como uma pista de dominância ou raiva em humanos. Mulheres que vestem vermelho, como vimos, parecem mais atrativas aos olhos dos homens.

Tais pesquisas, apesar de não terem o objetivo de identificar comportamento de consumo das pessoas, nos ajudam a entender o porquê da venda de maquiagem, batom, esmaltes, roupas íntimas e vestidos vermelhos. Sabendo disso, quando quiser impressionar, use vermelho e dê uma corada no rosto.

Capítulo

17

Força na peruca!

Saúde e fertilidade residem no centro da atração. Homens e mulheres escolhem seus parceiros segundo esses critérios e compram produtos e serviços que ajudam a ressaltar esses sinais ocultos. Portanto, de maneira inconsciente, tudo que compramos é para nos mostrar aptos à reprodução, o que significa uma prole saudável e com bons genes para passar adiante. Parecer saudável e portador de bons genes, mais do que qualquer outra coisa, é o que nos move nessa vida. O discurso moral de "Oh! Que absurdo! A vida não se resume a sexo! Eu casei por amor" está fora de questão. Você se casou por complementação imunológica, isto é, com quem tem sistema imunológico diferente do seu e que vai incrementar o da sua prole, o que é percebido na saliva e através dos feromônios. Casou-se porque o sujeito tem posses ou possibilidade de vir a ter e, com isso, pode sustentar a sua cria. Você se casou pelo nível de testosterona do rapaz. Os homens, por sua vez, tendem a priorizar os aspectos físicos mais do que as mulheres, por isso elas compram mais produtos para usar, para atraí-los e agradá-los. A questão é que você procura o par mediante a ação da biologia dos fatores que agregarão vantagens de sobrevivência e reprodução à sua vida, e não por causa da cultura, da religião ou de outros aspectos sociais somente. Assim, os sinais físicos de saúde e fertilidade são primordiais na sua vida. E o cabelo é um deles.

A pesquisa feita por Jan Norman prova que a questão de atração e escolha de parceiros é, antes de tudo, biológica. Ela mostra que os critérios usados por 10 mil pessoas de 37 culturas diferentes de seis continentes são surpreendentemente semelhantes aos resultados obtidos na mesma pesquisa feita com estudantes universitários dos Estados Unidos. Assim, a cultura tem suas influências, mas estas não superam as influências biológicas.

Os psicólogos evolucionistas alegam que os homens gostam de mulheres bonitas. Eles mostram que em parte os sujeitos do sexo masculino preferem mulheres jovens, porque, além de seu alto valor reprodutivo e fertilidade, elas tendem a ser mais saudáveis que a média de mulheres mais velhas, obviamente. Um indicador de saúde é a atratividade física, e outro bom indicador é o cabelo. Pessoas saudáveis, tanto homens quanto mulheres, têm o cabelo lustroso e brilhante; ao contrário, o cabelo de gente doente e em idade avançada perde o brilho. Assim, a beleza do cabelo é um indicativo forte de pessoa saudável e boa para misturar com seus genes e gerar uma prole ainda mais saudável.

E não para por aí! O psicólogo diz que o comprimento do cabelo também se torna um fator, porque o cabelo comprido demora muito tempo para crescer, de modo que indica que a pessoa deve ter sido saudável por um longo tempo até crescer o cabelo e ficar bonito. O resultado é que os homens evoluíram para procurar mulheres com cabelos brilhantes e sedosos.

Saber se homens preferem as louras sempre foi uma dúvida constante tanto para pesquisadores na área de ciências sociais como para as mulheres em geral. O fato é que o cabelo louro é o único que muda drasticamente com a idade, isto é, a maioria dos homens e mulheres nasce com cabelos bem claros que, com o passar do tempo, vão escurecendo. Normalmente, as meninas com fios louros-claros se transformam em mulheres com cabeleiras castanhas. Como os homens, por razões de saúde reprodutiva, preferem as mulheres mais novas, inconscientemente preferem se acasalar com as louras, que lhes parecem mais jovens e, por isso, mais saudáveis e fecundas. É por essa razão que a tintura loura é tão vendida e há uma quantidade imensa de mulheres com cabelos pintados em tons claros. Mas isso não quer dizer que a cor do cabelo é a única indicação de saúde. Não adianta ter cabelo louro malcuidado, ressecado, porque, de maneira inconsciente, o homem também receberá um alerta de cuidado, já que a saúde das madeixas é um importante sinal.

Crescem a olhos vistos o mercado de tratamento com xampus, cremes para pentear, *antifrizz;* o mercado de serviços profissionais dos cabeleireiros; o de venda de chapinha, tinta, apliques e todos os ligados ao tratamento e embelezamento dos cabelos. E a razão é evolutiva, não somente cultural. Assim, quem tem cabelo curto quer fazer crescer; quem tem crespos quer alisar; quem tem ralo quer encher, e daí por diante. A mulher nunca está satisfeita, e a venda de xampu dobra de tempos em tempos, sempre com uma novidade para fortalecer, dar brilho e fazer crescer, tudo em função disso.

O avanço da tecnologia torna possível que mulheres mais velhas e menos saudáveis imitem os cabelos das mais saudáveis e jovens, usando tratamentos, tinturas, extensões de cabelo, apliques e vários outros artifícios. E é exatamente essa possibilidade que alavanca esse mercado. O que quero dizer é que não adianta lutar contra isso: basta que você saiba o que a está impulsionando, de onde vem aquela comichão que você pode controlar. Não digo para você ficar largada, muito pelo contrário. Mas saiba que a indústria da cosmética, via propaganda ou mesmo através do seu *coiffeur*, vai bombardeá-la com informações para lhe causar ansiedade e a impressão de que você está sempre à margem das novidades. Fórmulas de xampu, creme e outros produtos não provocam tantas mudanças assim, e os efeitos não são iguais aos das modelos de TV, que já têm um cabelo incrível por natureza.

A tendência é que você escolha seu produto para cabelo pelo das modelos que estão apresentando. É incrível como elas têm um cabelo forte, brilhante, sedoso, mas ele não é do mesmo tipo que o seu, mesmo porque, essas mulheres, quase que em 90% dos comerciais, são estrangeiras, isto é, de origem diversa da sua, com combinações genéticas também diferentes, o que muda tudo. Já percebeu que o xampu e creme anunciados nunca deixam seus cabelos como você quer? Por esse motivo, penso que essa seja a categoria de menor fidelidade entre as consumidoras.

Outro ponto em que quero tocar: aquela quantidade enorme de xampu, condicionadores, cremes para pentear e mais uma bagagem que não tem fim e que está ainda pela metade. Você compra um produto, porque viu num anúncio, porque algum programa de TV o citou ou, ainda, porque leu numa matéria de uma revista de moda e beleza. Isso sem contar aqueles que o seu cabeleireiro recomendou como "imprescindíveis" para o seu tipo de cabelo.

Pare com isso! Primeiro, acabe com todos os produtos que estão no seu banheiro e somente depois compre outro. Todos: as empresas, os cabeleireiros, as revistas e as TVs, indistintamente, querem que você compre outro rapidamente, mas não é nada bom para a sua saúde financeira. Pode parecer bobagem, mas, se comprar dois xampus e dois cremes por mês, já serão pelo menos R$ 60,00. Somando-se o creme para pentear ou a*ntifrizz*, mais R$ 30,00. Aí faltam a musse de R$ 20,00 e o gel de R$ 10,00. São, no total, aproximadamente R$ 120,00 por mês, que, no final do ano, dá R$ 1.440,00. São as pequenas despesas, às quais não damos a devida atenção, que comem nosso orçamento de viagem no fim do ano.

Outra dica é usar os sites de compra coletiva que dão de 50% a 90% de desconto em *coiffeur* na sua cidade. Comprei pacotes de hidratação, escova, massagem, pedicure e manicure para minha esposa, que custariam cada um R$ 167,00, por R$ 45,00. Se pensarmos em uma dessas por mês, num ano inteiro a economia poderá ser brutal. E, se somarmos tal economia com os produtos economizados, o fim de ano será fantástico!

Capítulo 18

Tamanho do seio é documento. O mercado da cirurgia plástica

A seleção sexual, proposta por Darwin, é considerada parte da seleção natural, de acordo com a teoria da evolução, porque a reprodução é garantia de sobrevivência dos genes no futuro. Esse termo foi implementado por Darwin. Os seres vivos fazem de tudo para se manter vivos e se reproduzir: esses são os dois grandes propósitos da vida em termos biológicos. E, como vimos anteriormente, essas duas ações dirigem toda a vida dos seres humanos, mesmo inconscientemente.

Por exemplo, mulheres com mamas grandes provavelmente serão boas mães, uma vez que serão capazes de alimentar melhor seus filhos. Esse tipo de informação, na verdade, é guardada na memória dos homens, que instintivamente procuram mulheres com seios grandes. É isso que vemos em filmes e em fotos por todo o mundo. É um padrão de beleza, não porque foi imposto pela mídia, mas porque é algo que nossos ancestrais procuravam numa fêmea da espécie.

Segundo uma pesquisa do Datafolha, encomendada pela Sociedade Brasileira de Cirurgia Plástica (SBCP) em 2008 e publicada no jornal *Folha de S. Paulo*, a plástica de mama já ultrapassava a lipoaspiração. E veja bem: segundo a mesma pesquisa, 69% dos procedimentos foram realizados com objetivo puramente estético, enquanto apenas 31% eram cirurgias reparadoras em função de retirada de tumor, acidentes urbanos, defeitos congênitos, queimaduras ou acidentes domésticos. Entre as intervenções estéticas mais realizadas, as de mama correspondiam a 33% de todas elas, seguidas por lipo (20%), abdome (15%), pálpebras (9%), nariz (7%) e face (7%). As mulheres entre 19 e 35 anos correspondiam a 38% do total das cirurgias estéticas, portanto nada ligado à idade e à gravidade, mas certamente a um desejo de se tornar modelo de fêmea para reproduzir e gerar bons genes.

O mais curioso de tudo é que, até muito recentemente, era um mistério para a psicologia evolutiva por que os homens preferem as mulheres com seios grandes, pois, na verdade, o tamanho dos seios de uma mulher não tem relação com sua capacidade de lactação. Mas, para o antropólogo Frank Marlowe, os seios maiores são, consequentemente, mais pesados, cedem mais visivelmente com a idade do que seios pequenos. Assim, eles tornam mais fácil para os homens julgar a idade de uma mulher, o que significa avaliar seu valor reprodutivo. Nas mulheres de seios menores, a flacidez é bem menos aparente e, portanto, fica mais difícil dizer quantos anos a mulher tem apenas olhando em seu rosto. Por isso, os homens evoluíram no sentido de examinar os seios e, naturalmente, preferem os grandes. Outros psicólogos evolucionistas acreditam numa segunda tese: seios grandes indicam não a capacidade da amamentação, mas a fertilidade ou capacidade reprodutiva, porque em mulheres de seios grandes e cintura fina é encontrada maior quantidade de dois hormônios sexuais: o estradiol e a progesterona.

Toda essa estratégia é chamada de "*runway*". Foi descrita e denominada por Ronald Aylmer Fisher em 1915 e colocada em seu livro *The Genetical Theory of Natural Selection* [A Teoria Genética da Seleção Natural], publicado em 1930. A explicação é que essas características são resultados da preferência sexual de membros do sexo oposto e, portanto, elas se perpetuam naturalmente. Neste caso, artificialmente, mas o cérebro primitivo masculino não detecta o engodo de que o seio não é resultado de mais estrogênio e progesterona, e sim de silicone. Essa preferência do homem faz dessa característica uma vantagem para as mulheres que a têm (e para as que colocam). Mulheres com seios grandes são provavelmente mais bem-sucedidas sexualmente e isso passa de geração para geração de forma circular, como disse, não só naturalmente, mas também de maneira artificial.

Exemplo dessa estratégia na natureza é a das fêmeas dos ciclídeos, família de peixes de água doce com cerca de cem gêneros e 1.900 espécies. Sebastian Baldauf, da Universidade de Bonn, Alemanha, e sua equipe de pesquisadores estudaram os efeitos da ornamentação feminina de uma espécie africana e descobriram que os machos preferem as fêmeas com maior barbatana pélvica, que cresce fora da proporção em relação ao tamanho corporal. Durante a paquera em busca de reprodução, as fêmeas exibem suas barbatanas violeta para atrair machos. Isso é, a escolha do sexo masculino pode e vai dimensionar a proporção de uma característica feminina.

Esse é um dentre vários exemplos que mostram como nosso instinto e o cérebro reptiliano estão em atividade, agindo como nossos ancestrais hominídeos e, ainda mais distante, como os ancestrais comuns com os animais. É fácil perceber a semelhança comportamental das fêmeas dos peixes ciclídeos com as mulheres, que tão jovens colocam tantos mililitros de silicone, mesmo frequentemente ficando fora da proporção corporal. Talvez, por ser uma característica desejável pelos homens, a corrida ou o chamado "*runway*" tem feito as senhoritas colocarem próteses cada vez maiores.

Se você tem ou está pensando em colocar uma prótese de silicone, saiba que é uma "vontade ancestral", e não algo da moda, como dizem muitas pessoas. É seu instinto primitivo gritando pela preferência na escolha de parceiros. Não é somente um fato cultural, mas uma ocorrência biológica, que não pode ser controlada tão facilmente. E avise seu marido: mulher casada também quer seios maiores, principalmente depois da amamentação, quando dizem que o seio diminui ou murcha. A intenção oculta é a de chamar a atenção não somente dos homens, mas também de outras mulheres, mostrando que ainda é capaz de atrair homens. Isso não significa que você queira algo extraconjugal, apenas que seus instintos estão ativos, de maneira inconsciente.

Capítulo

19 O mercado da ovulação

Pode o seu desejo de mulher, a compra que você faz e seu consumo de produtos estarem ligados ao seu ciclo menstrual? Como isso se dá?

Durante cinco dias, todos os meses, as mulheres ficam mais receptivas a alguns produtos. Especialmente aqueles que vão aumentar seu *sex appeal*. Esse tipo de comportamento acontece em função da ovulação e se processa de maneira inconsciente, porque sofre influência do hormônio estrogênio e do hormônio luteinizante (HL). Eles são alguns dos gerentes do corpo humano, que influenciam o comportamento. Muitos desejos ou vontades, medos e humores dependem dos níveis de hormônios que podem estar altos, baixos ou mesmo estabilizados. Na mulher, então, nem se fala! A variação brusca dessas substâncias orgânicas, mais especificamente dos hormônios sexuais, pode ter efeitos monumentais. Estro, o conjunto de fenômenos e comportamentos que precedem e acompanham a ovulação nos mamíferos de sexo feminino, é a fase em que a mulher aumenta a receptividade sexual, a intencionalidade, a seletividade e a atratividade.

Acontece que a mulher que está no período da ovulação, o qual dura de cinco a seis dias, se produz mais de maneira mais sexy e também está propensa a investir dinheiro para se diferenciar de outras mulheres. Nesse ponto, o objetivo é a reprodução, mas o foco são as outras competidoras que vivem perto, ou seja, suas escolhas são influenciadas mais pela competição com as outras mulheres do que pelos homens em si. Quando você está ovulando, seu objetivo é parecer mais saudável para os homens, mais desejável que as outras. É a influência do seu status de fertilidade. Mais uma vez fica provado que o comportamento de consumo está diretamente ligado à reprodução e à sobrevivência dos animais humanos.

A ovulação afeta todo o seu comportamento, muitas vezes de maneira sutil. Além de você usar roupas, acessórios, cosméticos e serviços para se mostrar mais sensual, ainda dá mais sinais de paquera nessa época. Sinto muito a informar, mas as casadas também. Isso porque é inconsciente, automático e proposital; simplesmente é da natureza da mulher. Na ovulação, você vai expor mais os seios com decotes, vai usar roupas mais sensuais, vai soltar o cabelo, usar perfumes insinuantes e andar de modo diferente. E tanto os homens quanto as outras mulheres vão perceber essa exuberância. Isso tudo são estratégias evolutivas para garantir o melhor parceiro, o que significa ser simétrico, mantenedor da prole, provedor, além de inteligente e criativo. Uma ou mais dessas características serão avaliadas para escolher o parceiro ideal.

Há uma literatura crescente com evidência empírica de que fatores biológicos influenciam consideravelmente os resultados econômicos, entre eles os de consumo. Eu passei a chamar essa área – que relaciona a influência dos hormônios com o comportamento de consumo e uso de produtos e serviços – de "endocrinomarketing", que faz parte dos meus estudos em Biologia do Comportamento do Consumidor.

Numa pesquisa muito interessante feita por Kristina Durante, foi colocada uma série de fotografias de mulheres para que outras mulheres, no período de ovulação, visualizassem. Algumas das fotos exibiam mulheres atraentes, que moravam perto das pesquisadas, outras, que moravam longe, e outras, que moravam perto, mas não eram atraentes. Na etapa seguinte, foi perguntado a elas que roupas e acessórios estavam dispostas a comprar. A resposta foi decisiva. A maioria das mulheres escolheu peças mais sensuais, em função das fotos que viram. Quando olhavam para fotos de pessoas que não eram atraentes ou que moravam a mais de mil quilômetros, não escolhiam roupas atraentes, sexualmente falando, o que mostra a competitividade aumentada na fase de ovulação.

A ascendência de certos hormônios sobre o comportamento feminino é tão incisiva que foi descoberto também que ela aumenta a predisposição para correr riscos. O que se pensava ser uma característica dos homens que, pelo nível de testosterona são mais competitivos e mais propensos a assumir riscos do que as mulheres, demonstrou ser também uma característica feminina no período da ovulação. Em um experimento, os pesquisadores Mathew Pearson e Burkhard Schipper coletaram informações sobre os ciclos menstruais de algumas mulheres e fizeram leilões com preços fechados. Os cientistas tinham uma hipótese que se confirmou: mulheres nas fases pré-menstrual e menstrual fariam ofertas significativamente maiores do que os homens, mas não ofereceriam valores relevantes em outro período do ciclo menstrual. Na conclusão, surgiu uma hipótese evolutiva, segundo a qual as mulheres são geneticamente predispostas, pelos hormônios que as inundam, a se comportar de maneira mais arriscada durante a fase fértil do ciclo menstrual, com o objetivo de aumentar a probabilidade de concepção, a qualidade da prole e a variedade genética, atraindo homens ou parceiros com atrativos citados anteriormente.

Em uma terceira pesquisa, Geoffrey Miller, Joshua M. Tybur e Brent D. Jordan, do Departamento de Psicologia da Universidade do Novo México, em Albuquerque, descobriram que mulheres dançarinas em clubes de cavalheiros ganham mais dinheiro quando estão ovulando. As participantes da pesquisa ganharam cerca de US$ 335,00 por turno de cinco horas durante o *estro*, que é o pico de receptividade sexual feminina, US$ 260,00 pelo mesmo turno durante a fase lútea, que vem depois da ovulação, e US$ 185,00 por turno durante a menstruação. Está provado que a biologia, mais especificamente os hormônios, influencia o comportamento econômico.

Mas qual é exatamente esse poder de persuasão que os hormônios exercem sobre o cérebro e, consequentemente, sobre o comportamento feminino?

O cérebro tem um sistema de recompensa que prediz ou antecipa tipos diferentes de prêmio, como a comida, o dinheiro, o sexo e até as drogas. O funcionamento normal desse sistema está diretamente ligado à motivação e ao aprendizado das pessoas e é mediado por neurônios dopaminérgicos, numa região chamada mesencéfalo. Os neurônios dopaminérgicos formam um sistema sensível a hormônios como estrogênio e progesterona, os quais ativam o sistema de recompensa. Estrogênios não são apenas os hormônios sexuais que influenciam a ovulação e reprodução, mas também afetam um grande número de funções cognitivas e afetivas. O estradiol (E2), um hormônio fabricado principalmente nos ovários, tem como objetivo modificar o comportamento feminino, promovendo uma dose de sensualidade em que a mulher se expõe mais e adquire uma postura sedutora. Para isso, claro, ela muda seu comportamento de consumo.

Sendo assim, durante o período da ovulação, tome cuidado com os gastos, porque você fará o possível e o impossível para se mostrar mais atraente que outras mulheres, e suas compras, depois de alguns dias, ficarão no armário. É uma fase em que você corre mais riscos e busca recompensas. As lojas sabem convencê-la a comprar, porque colocam outras mulheres atraentes para atendê-la, e isso certamente provoca um senso de competição inconsciente em você, que gastará muito para ficar mais atraente aos olhos masculinos e femininos. Relembrando: isso ocorre mesmo que você seja casada, porque, para os seus hormônios, não interessa sua condição social e cultural, mas sim sua condição biológica. Não tem a ver com moral, e sim com biologia. Portanto, guarde seu cartão de crédito ou débito por cinco ou seis dias para a compra não virar arrependimento. É apenas uma fase e você precisa saber disso. Faça sua tabelinha, acompanhe seu ciclo menstrual e saia para fazer compras de perfume, roupas, joias, cosméticos e serviços de beleza fora do período de ovulação.

Os hormônios agem silenciosamente sobre seu comportamento de consumo e, até então, você não tinha consciência disso. Não precisa gastar; basta não contrariar sua natureza, vestir-se bem, usar seus perfumes e tudo aquilo a que tem direito.

Capítulo

20

A participação do homem no mercado da ovulação

O fenômeno da ovulação não afeta somente as mulheres, mas também os homens, que ficam alertas nessa fase. Se estão namorando ou casados, ligam mais para as mulheres, senão, tornam-se atentos para o sexo casual. Como as mulheres ficam mais exuberantes nessa fase e se vestem mais sensualmente, usam mais decotes e roupas justas, seus parceiros ficam de antena ligada. Isso porque o problema do homem é não deixar que a parceira se reproduza com um concorrente e que ele não tenha de criar a prole de outros sujeitos, o que evolutivamente lhe custaria caro. As mulheres nessa fase procuram homens de rosto simétrico, dominantes e de bom humor, e nem sempre essas características estão presentes no namorado ou no marido. Isso acontece porque as mulheres, para relacionamentos longos, precisam de um homem que possa sustentar, manter e ajudar a criar a prole, mas, para relacionamentos curtos, buscam aqueles sujeitos simétricos, dominantes, que possam dar de herança para sua prole a boa qualidade de seus genes. E simetria, voz grave e dominância são indicadores de bons genes.

O homem, assim como a mulher, quer se reproduzir para perpetuar seus genes e, portanto, se predispõe a criar os filhos com a parceira. No entanto, o investimento masculino, apesar de ser bem menor que o feminino – porque a mulher se dispõe a passar mais tempo cuidando da prole – também tem um custo enorme, já que ele vai trabalhar para sustentar a família. Reprodução e sobrevivência são os grandes motivadores das ações humanas. São as bases de todo o nosso comportamento biológico.

O investimento parental é uma característica comportamental observada por biólogos e psicólogos evolucionistas. Significa o cuidado que os pais têm com os filhos após o nascimento. É a economia relacionada à manutenção da prole. Esse comportamento existe porque os filhotes nascem incapazes de sobreviver por si. Essa característica biológica chama-se neotenia. Em algumas espécies, somente a fêmea tem essa função, mas nos humanos a tarefa é dos dois.

Em função de todo esse dispêndio, o homem fica bem alerta quando a mulher está ovulando e isso também influi diretamente no comportamento de consumo dele, tanto em relação às parceiras como em relação a outros possíveis concorrentes. Gangestad, Thornhill e Graver fizeram uma pesquisa com mulheres que tinham compromisso e encontraram, em 2002, a prova de que o comportamento dos homens é de alerta, atenção e até mesmo vigilância quando a mulher está na fase fértil, um pouco antes e durante a ovulação. Eles adotam uma postura de "guarda-parceira", de donos das mulheres. Ficam possessivos. Tal comportamento ficou bem evidente quando o relacionamento não estava estável.

Em situações assim, o homem telefona para a mulher como um louco e por qualquer motivo, no celular e em horários aleatórios, mesmo que não tenha assunto, só para ter a certeza de que ela não está com outro. O gasto com o celular triplica nessas épocas, isto é, durante cinco ou seis dias, logo antes da ovulação e durante ela. Telefones desligados ou fora de área deixam os sujeitos do sexo masculino completamente malucos. Se você é mulher e quer evitar constrangimentos no trabalho ou em qualquer outro lugar, um pouco antes e durante a ovulação, ligue para o seu namorado ou marido, dizendo o quanto o ama e o quanto ele é importante para você. Isso vai ajudar a economizar muito dinheiro com telefonemas fiscalizadores. Se você é homem e romântico, cuidado com gastos excessivos com joias e presentes caros para mostrar para sua companheira que você tem poder de compra, que é macho alfa. A ovulação passa e você pode se apertar para honrar os compromissos feitos. Essa é uma boa época para mandar flores e bombons, que não são caros e ajudam a marcar presença.

Capítulo 21

Socorro! A pré-menstruação desligou o botão do bom senso!

A economia experimental já tem mostrado que o consumo de produtos e serviços tem relação direta com a psicologia e que não somos tão racionais como imaginávamos. As finanças comportamentais também mostram que nossos estados psicológicos exercem influência em nossas atitudes de compra e venda de ações de terceiros. E o *neuromarketing* mostra, via exames de imagiologia, que a maioria de nossos atos como consumidores é irracional, ou seja, processado antes que tenhamos consciência deles. Os tais estados psicológicos, então, que geram comportamentos dos mais variados, inclusive econômicos, são consequência da variação hormonal, que inundam nosso cérebro fazendo com que atuemos de maneiras diversas, conforme os altos e baixos da química orgânica. Não se trata mais de especulações e inferências psicológicas por observação ou mediante perguntas para os consumidores, mas de pesquisas científicas.

Os hormônios estão ligados à variação de humor, à ansiedade, à pouca concentração, à irritação e até àquela raiva sem explicação que vem seguida de um brutal arrependimento. Eles influenciam, sobretudo, o comportamento de consumo. Afinal de contas, são essas químicas do organismo que manipulam você, mulher, o tempo todo. São as oscilações entre estados positivos e negativos de todas aquelas emoções que influenciam e geram o consumo, seja de alimentos, objetos, roupas, seja de tudo o mais. Tanto a euforia numa ponta como a tristeza em outra levam ao comportamento de compra. E, se você souber que elas existem e se processam de modo inconsciente, será mais fácil se respeitar e entender, para não sofrer à toa nem se recriminar por isso. Ter ciência de processos inconscientes é a melhor forma de respeitar a si mesma e acalmar a angústia que vem depois dos atos impensados. O que não pode é usar o conhecimento adquirido neste livro como desculpa para atos irresponsáveis. A grande capacidade do ser humano é justamente a consciência. Portanto, use-a sempre.

É preciso reconhecer a importância e o impacto das emoções nas decisões de compra. O ciclo menstrual – que compreende a fase folicular, quando o folículo dominante ou ovo está crescendo e se preparando para a ovulação, e a fase lútea, que é quando o endométrio se prepara para uma possível concepção – é recheado de variações hormonais que agem sobre o córtex orbitofrontal (COF), sede das decisões. Em particular, essa área cerebral, que fica bem atrás e acima dos seus olhos, regula o comportamento de planejamento associado com a sensibilidade, a recompensa e a punição. Ativado sempre que há um julgamento em questão, como a escolha e a compra, ele está envolvido no processamento cognitivo de tomada de decisão. Pesquisas usando tecnologia de neuroimagem têm demonstrado que as atividades do COF estão ligadas e se ativam conforme ganhos ou perdas monetárias. Fica claro que o córtex orbitofrontal é fundamental para a alteração das associações entre um estímulo externo e a recompensa que ele pode trazer, ou seja, ele faz você responder de maneira positiva a alguns estímulos e negativa a outros.

Chegamos, então, ao ponto indicativo de que o ciclo menstrual e os hormônios atuam sobre o córtex orbitofrontal, o qual tem a função de barrar as decisões impensadas, pois é o local do planejamento. Mas os hormônios estão em ebulição e vão "desligar" o botãozinho do bom senso e do julgamento. É assim que a química orgânica age sobre sua vontade de sair gastando.

Essa situação é muito diferente da que vimos no capítulo anterior. Na pré-menstruação, como mostra este capítulo, você tende a ficar mais ansiosa, a ter um comportamento mais impulsivo e a sair gastando em tudo o que vê pela frente. Já na ovulação, como vimos, você se veste para impressionar, o que é chamado de efeito da ornamentação. Tendo consciência disso, saiba que na pré-menstruação você deve deixar seu cartão de crédito ou débito em casa e sair com dinheiro na carteira. Na ovulação, o ideal é passar longe de butiques. Por fim, na pós-ovulação, você pode ir tranquila às compras, porque seu senso de julgamento estará ativo e atento às loucuras.

Capítulo 22

Por que as mulheres compram mais livros de ficção?

Um estudo mostra que **a mulher tende a ler mais do que os homens.** Enquanto eles leem em média cinco livros por ano, elas leem nove. Os homens procuram mais livros de biografia e história, as mulheres, em sua maioria, buscam romances e ficções. Para alguns autores das neurociências, isso acontece porque elas têm grandes quantidades de neurônios-espelho, os quais ajudam a prever a ação do outro sujeito e a se colocar no seu lugar em situações diversas. São também chamados de neurônios da empatia ou neurônios de Gand. Assim, os livros que contam histórias emocionantes fazem com que as mulheres se identifiquem com tais situações. É possível que as mulheres sejam mais capazes de sentir empatia com pessoas fictícias e situações inventadas. Isso provavelmente é o que as faz comprar mais livros e, dentre eles, uma quantidade enorme de romances.

Tenho uma prova viva da ação dos neurônios-espelho em minha casa, com minha esposa, Maristela. Nunca vi alguém participar tanto de novelas, filmes, seriados, comerciais, notícias de TV, documentários, ou seja lá o que for. Ela nem precisa estar a par da situação toda, pode pegar apenas uma parte da trama e logo começa a chorar, sentindo o mesmo que o personagem sente. É impressionante a capacidade de empatia que tem uma mulher. Outro exemplo é minha mãe, que tem 81 anos. Ela devora romances e nos conta a história sempre que pode e damos uma brecha. Parece que está dentro do livro, porque fala das personagens como se fossem amigas ou vizinhas do prédio. Conta as situações com detalhes e ainda as incrementa com pontos de vista particulares.

Portanto, os neurônios-espelho fazem com que nos identifiquemos com o que vemos na TV. Mas há também uma explicação evolutiva para isso. O cérebro tem dificuldade para lidar com as imagens exibidas na TV. Ele interpreta como uma pessoa do outro lado e não consegue distinguir amigos reais de personagens que aparecem constantemente na TV. Por isso, quando acaba aquela novela, você fica triste por uns dias e nem liga para os novos personagens da novela que acabou de começar. E, ainda por cima, sente que não mais acompanhará uma história como aquela que acabou. A saudade dos personagens e suas vidas permanecem em você por algum tempo.

Detectar e reconhecer a emoção alheia é uma das características dos animais humanos. Empatia é o grande e fundamental objetivo dos neurônios-espelho, é a projeção imaginária ou mental de um estado subjetivo, afetivo ou cognitivo. Para a psicanálise, é um estado de espírito no qual uma pessoa se identifica com outras, presumindo sentir o que elas estão sentindo. Esse é um dos atributos dos neurônios-espelho, porque nos ajudam a entender as intenções e emoções das pessoas com as quais nos relacionamos. A essa capacidade, que temos como vantagem evolutiva, damos o nome de empatia. A questão da empatia nos leva mais longe do que a simples imitação ou previsão de ações motoras dos sujeitos. Mostra-nos que os neurônios-espelho estão ativos também na previsão da emoção dos outros.

Já está provado que os neurônios-espelho funcionam muito bem com a leitura. Um estudo da Universidade da Califórnia em Los

Angeles (UCLA) feito em 2006 e publicado na revista *Current Biology*, em setembro do mesmo ano, já demonstrava que essas células cerebrais especializadas em entender os movimentos e as intenções dos outros, assim como seus sentimentos, se ativam quando praticamos uma ação, vemos alguém praticando ou, ainda, quando lemos frases que descrevem essa mesma ação. Desse modo, quando você lê um livro, tais células se acendem e respondem como se na verdade você estivesse fazendo o que o personagem está fazendo.

É por isso que o mercado editorial está sempre em busca de títulos de ficção, como os romances. Para você ter uma ideia, num relatório da ROMStart a venda de romances aumentou, mesmo com a crise nos Estados Unidos. Os analistas acreditam que uma das razões é que o livro, apesar de barato, quando comparado com outras formas de entretenimento, é também uma forma de escape em tempos difíceis, porque as pessoas entram nos personagens e se esquecem por um tempo da realidade. De acordo com outra pesquisa americana, também de 2009, 67% das mulheres compraram pelo menos um livro naquele ano e elas são consideradas *heavy users*, ou "usuárias pesadas", que, para o marketing, significa uma classe compradora de peso. Lá as mulheres são simplesmente 90,7% dos leitores de romance. Uma incrível marca! Aqui, no Brasil, o nível de leitura é provavelmente menor, mas duvido que a proporção de mulheres que leem em relação ao número de homens mude muito e tenho certeza de que o romance é o gênero predileto entre elas.

> Parece até contraditório, mas minha dica é: tenha cuidado com o exagero na compra de livros. Muitas vezes, você quer mesmo fugir da realidade, mas não é para sair como uma desvairada comprando romances a torto e direito, mesmo porque é preciso que você se informe sobre outros assuntos. Mas, por favor, não deixe de ter seu romance de cabeceira. Compre *pocket books*, os livros de bolso, que são mais baratos e têm o mesmo efeito daqueles com capas

lindas e preços altos. Com a popularização da leitura, que vem aumentando no Brasil, os livros estão ficando cada vez mais baratos e podem ser encontrados em todos os lugares, inclusive em bancas de revista. Uma outra boa opção podem ser os e-books.

Está aí uma boa maneira de se entreter e se divertir sem ter de gastar muito. Além do que um livro pode ser lido em todos os lugares, inclusive quando você está no metrô, voltando para casa, ou à espera de uma consulta médica, que sempre atrasa muito.

Capítulo

23

Pós, TV, internet e celular. A informação que nunca acaba

Nossos cérebros foram projetados para nos incitar a buscar comida, conforto, segurança. Além de mais informação. Essa última necessidade está também em nosso cérebro antigo, registrada como uma vantagem para a sobrevivência e a reprodução. Na savana, nossos ancestrais tinham de prestar atenção em tudo para se manter vivos, e a evolução dessa característica foi importante tanto para a seleção natural quanto para a seleção sexual. Buscarmos pistas constantemente e estarmos atentos a tudo nos ajudou muito naquele ambiente primitivo. Era necessário tirar o máximo de proveito de toda e qualquer informação fornecida pelo ambiente externo, incluindo os outros seres humanos. Desenvolveu-se em nós um cérebro ávido por informações que, quando as obtinha, ativava o centro de recompensas, inundando-se de dopamina e de uma sensação de prazer. Todos nós temos prazer em adquirir informação com a visão de uma paisagem, numa conversa com amigos ou mesmo em um artigo de revista que nos traz profunda gratificação. Mas por que isso acontece? Na verdade, o prazer com a prática de buscar e adquirir conhecimento está profundamente conectado com a fome inata de informação.

O cérebro primitivo e o nosso atual sempre nos encorajaram a buscar informações, porque esse era um trunfo no jogo da evolução. Certamente, o conhecimento obtido tem algum valor prático no futuro. Mas, mesmo que não haja um uso direto da nova informação, existe, em termos evolucionários, um valor adaptativo. Quem tem mais conhecimento é classificado pelas pessoas como "mais inteligente", um traço que é fortemente correlacionado com a seleção de parceiros em todas as culturas. Portanto, sempre que aprendemos algo, o prazer se dá instantaneamente. Um estudo de Biederman e Vessel, realizado na Universidade da Califórnia e publicado na *American Scientist*, em 2006, comprovou que, quando aprendemos um novo conceito ou vemos algo não familiar, a compreensão dessa nova situação provoca uma enxurrada de substâncias químicas no cérebro, as quais promovem prazeres comparados com o da heroína, que nos faz sentir muito bem. Esses pesquisadores creem que isso acontece porque a aquisição de novas informações nos dá uma vantagem inicial sobre os rivais. Os mesmos cientistas dizem que somos "informacionívoros".

A fome por informação é um comportamento valioso para a nossa espécie, e seria de esperar que o cérebro tivesse mecanismos celulares e moleculares que encorajassem a aquisição de informação. Essa característica cerebral que nos favorecia na savana hoje nos faz "travar", porque ansiamos tanto por informação que não largamos da internet nem por um minuto; temos em nossas TVs muito mais canais do que assistimos, fazemos pós-graduação uma atrás da outra e não desligamos o celular nem quando estamos dormindo ou no chuveiro. Tudo para não nos sentirmos "por fora" ou, melhor, para não ficarmos em desvantagem evolutiva. As empresas de TV a cabo, os provedores de internet, as operadoras de celular e as universidades já notaram essa nossa ansiedade por informação e lançam um serviço atrás do outro. Tem gestão para tudo!

O problema é que continuamos a procurar novas fontes de prazer informacional, porque a recompensa opioide diminui cada vez que a experiência é repetida. Os mesmos pesquisadores descobriram isso com o uso da ressonância magnética funcional, um aparelho de exame neurológico que mostra, no momento exato, quais áreas estão ativas quando pensamos em algo. Essas áreas apresentavam menor atividade cada vez que uma imagem era reapresentada. John Naish chama esse nosso problema ancestral de "infobesidade", dizendo que o excesso de informação causa estresse e confusão mental, além de poder provocar uma ansiedade enorme e a sensação de que você nunca sabe nada.

A informação passa a ser tratada como um vício e nós ficamos ligados e conectados o tempo todo. Nosso cérebro está apinhado de informação, e queremos ainda mais e mais, porque buscamos a última e a nova informação sobre tudo, 24 horas por dia, sete dias por semana. Caso contrário, ficamos com a sensação de estarmos perdendo algo interessante.

Mas essa questão da "infobesidade" traz males dos mais diversos, porque, além de nos dispersar e nos deixar sem profundidade em uma área específica, as exigências de pós-graduação ainda provocam um fenômeno paradoxal e incoerente que é o *over qualified*, que significa sabermos tanto, termos tanta experiência, que ninguém quer nos contratar, por não poder pagar um salário que faça jus ao nosso imenso conhecimento. É inacreditável, mas é assim.

Portanto, cuidado com tanta pós-graduação! As faculdades perceberam essa sua necessidade e vão lhe oferecer a mais esdrúxula gestão de alguma coisa. A TV a cabo vai segmentar-se cada vez mais para lhe dar medo de perder algo, e assim você assinará mais canais. O celular vai criar uma dependência ainda maior do que já o faz para você se sentir sem roupa quando sair sem ele. A internet cria novos endereços (site, blog, fotolog, redes sociais de todos os tipos) para que você não se desconecte.

E, se você colocar toda essa "parafernália" num só aparelho (sempre portátil), comprará mais e mais. São aparelhos e mais aparelhos "sem os quais você não pode ficar". Hoje ninguém tem menos de dois celulares, às vezes três (um para a família, outro para a empresa e outro para assuntos pessoais); uma TV em cada canto da casa (todas com TV a cabo), pois vai que no caminho da sala para o banheiro acontece algo inédito, não é? Claro que você também tem um desktop com tela grande no escritório, um laptop para quando vai viajar e um *netbook* ou *iPad* para quando está em trânsito. E, por fim, o EAD, ou ensino a distância, existe para que você faça cursos e mais cursos conforme sua conveniência de dia e horário, o que responde a uma velha pergunta dos workaholics: "O que você faz da meia-noite às seis da manhã?".

A verdade é que você não precisa de tudo isso. Tome cuidado com a ansiedade na busca por informação. Nem tudo é necessário e nem toda informação é vital. É apenas uma jogada das empresas para deixá-la apavorada e medrosa em relação ao futuro, tornando-a uma consumidora contumaz de informação e produtos de tecnologia. Vá com calma, pois você não perde nada. É o seu cérebro ancestral, de milhares de anos atrás, que não está preparado para essa quantidade de informação. Como Naish nos mostra no seu livro, é preciso ter a consciência de que nosso cérebro primitivo fica estupidamente magnetizado pela comunicação em todos os meios e a todo momento. Reconheça essa fraqueza e lute contra ela! Pessoas de sucesso são as que realizam, não as que vivem coletando informações, pura e simplesmente. Mesmo porque, quando você chegar com determinada informação, alguém já terá outra mais adiantada, e as coisas continuarão as mesmas.

Consuma informação com parcimônia e tome atitudes. Boa informação está nas ruas e com as pessoas. Faça mais contato pessoal do que virtual. Em vez de enviar um e-mail, faça um happy hour com seus amigos, pois o contato elevará os níveis de dopamina, de serotonina, substância que ajuda a abrandar o medo e a preocupação, e também de ocitocina, chamada "hormônio da confiança".

Capítulo 24

Tal mãe, tal filha ou tal pai, tal filha?

O ambiente influencia muito o comportamento das pessoas. No entanto, é preciso estar atento à questão biológica também, mais especificamente aos fatores genéticos, que, segundo alguns pesquisadores, podem dar um empurrãozinho de até 50% em nossa mania de gastar. Eles certamente agem sobre nosso comportamento de consumo. A dicotomia entre *nature* x *nurture*, isto é, o que é intrínseco, inato, e o que é aprendido, prolonga a discussão sobre a influência genética no comportamento. Mas isso foi superado. Nem um nem outro determina o comportamento, pois é a força de um sobre o outro que compõe as nossas ações.

Fica clara nesse ponto uma velha pendenga: a de que o marketing é quem nos faz comprar algo e que tem uma força alucinante de ímã sobre nosso comportamento. Definitivamente, não! O marketing usa ferramentas, como a propaganda, a promoção, a criação de novos produtos, o estabelecimento do preço e a colocação no ponto de venda, tudo para que nos encontremos com o produto ou serviço, mas é dentro de nós que está de 30% a 50% dessa força que impele a comprar produtos. Não consumimos porque vimos o anúncio, mas porque é da nossa natureza. No processo de tomada de decisão, levamos nossas personalidades, tendências inerentes e preferências inatas.

Há algum tempo, os estudos na área da genética comportamental têm demonstrado muitos efeitos da hereditariedade sobre comportamentos como o divórcio, a dependência por tóxicos, o voto, o altruísmo, o cumprimento de metas e por aí em diante. Pensamos que nossas preferências e atitudes são construídas quando a decisão de compra é feita, mas uma pesquisa realizada por Itamar Simonson, da Universidade de Stanford, e Aner Sela, da Universidade da Flórida, Gainesville, com 170 gêmeos, sobre suas preferências por produtos e padrões de compra, nos mostra que tais preferências podem estar nos genes, e não na ação do marketing. Quer dizer, tais preferências por um produto ou outro não partem do zero, mas de fatores inerentes ao organismo.

A pesquisa foi feita com grupos de gêmeos bivitelinos, que não se assemelham muito entre si, que podem ter, ou não, o mesmo fator sanguíneo e ser, ou não, do mesmo sexo. Também foram pesquisados os gêmeos univitelinos (idênticos), nos quais se encontrou maior similaridade de preferência de consumo. A razão é simples: os gêmeos idênticos têm 1.005 dos genes iguais e os fraternos, não. Foi assim que os pesquisadores perceberam a influência da genética nas tendências por preferência de consumo de produtos, como mostarda, filmes de ficção científica, chocolate, jazz e veículos. Outros produtos, como tatuagem, por exemplo, não tinham nenhuma ligação genética. Isso não quer dizer que as pessoas nasçam com um gene para BMW, mas sim que trazem em si uma combinação de expressões genéticas somadas e influenciadas pela interação entre natureza e criação. Novamente, é a combinação da genética com o ambiente que monta o quebra-cabeça do comportamento de consumo. Os efeitos ambientais sozinhos não podem ser culpados por nossos desatinos consumistas, há uma boa pitada de hereditariedade.

Se os genes participam da arquitetura ou formação do nosso cérebro, por que não participariam do nosso comportamento de escolha e tomada de decisão na compra de produtos? Se nosso cérebro é ancestral e herdamos dos nossos ancestrais tais comportamentos, por que não os herdaríamos dos nossos avôs e dos nossos pais? No futuro, a pesquisa genética, da qual já falei, chamada *genoeconomics*, poderá trazer soluções ou ao menos dar dicas sobre nossos comportamentos irracionais e inconscientes de compra.

Ainda vai levar décadas para podermos entender todos os aspectos do consumo, mas, até lá, já sabemos que nem tudo é influência externa e que há uma pitadinha de hereditariedade em nosso comportamento de consumo. Às vezes, achamos que é somente cultural, que a criação da família leva as pessoas a agir de determinado modo. Tenho um exemplo, não investigado, mas que cabe aqui. É o das manias idênticas entre a minha mulher e meu sogro. O comportamento de compra deles, principalmente em varejos de fruta e verdura, é idêntico. Meu conselho para você é: observe seus pais, preste atenção em suas incursões de consumo, perceba semelhanças que podem ser hereditárias e tente corrigir seus erros com base nessas informações.

Capítulo

25

O doce pode melar sua poupança, engordar você e emagrecer seu bolso

Minha mãe dizia que basta ser mulher para gostar de doce. Não há pesquisas afirmando que a mulher gosta mais de doce do que o homem, mas é impressionante o quanto vocês procuram açúcar. O que existem são estudos mostrando que o chocolate atinge áreas cerebrais diferentes nos homens e nas mulheres. Neles, a saciedade de chocolate está associada com maior ativação no estriado ventral, na ínsula, nos córtex orbitofrontal e orbitofrontal medial e menor ativação nas áreas somatossensoriais. Em mulheres, houve um aumento de ativação no giro pré-central, no giro temporal superior e no putâmen, além de menor ativação da amígdala e do hipotálamo.

A grande novidade é a relação do chocolate com o consumo de outros produtos. Segundo estudos feitos por Julio Laran, da Universidade de Miami, e Chris Janiszewski, da Universidade da Flórida, ele pode nos fazer comprar itens caros ou de luxo. Na verdade, essa pesquisa mostra que, se provocarmos uma tentação, oferecendo um bombom a uma pessoa, essa ação vai aumentar seu desejo de continuar querendo mais. Ainda mais surpreendente é que tal desejo da indulgência vai além de outro docinho e se estende a bens de consumo caros, como bolsas de marca, roupas também de grife, TVs e até viagens.

E não é para menos! Chocolate pode afetar, sim, nosso cérebro, causando liberação de certos neurotransmissores, cujas quantidades têm um grande impacto sobre nosso humor. Endorfinas (que trabalham para diminuir a dor e o estresse) e outros opiáceos (que produzem anagelsia), por exemplo, ajudam a reduzir o estresse e nos levam a sentimentos de euforia. Outro neurotransmissor que também é liberado com o consumo de chocolate é a serotonina, importante para o processo do humor. Isso porque uma das químicas que causa a liberação desse neurotransmissor é o triptófano, encontrado no chocolate. E não para por aí. O chocolate também libera feniletilamina, que provoca alteração na pressão arterial e modifica os níveis de açúcar no sangue, levando-nos a sentimentos de excitação e alerta. A feniletilamina é chamada comumente de "a droga do amor", porque faz a pulsação acelerar, provocando uma sensação semelhante à de quando estamos apaixonados. Outro composto encontrado no chocolate é a anandamida, que ativa a produção de dopamina e leva a sentimentos de bem-estar. Ela é encontrada naturalmente no cérebro e se decompõe muito rapidamente, mas o chocolate tem funções que diminuem a decomposição, prolongando a sensação de bem-estar. E tudo isso faz sentido se juntarmos tais informações às pesquisas feitas por Laran e Janiszewski. Se o chocolate tem propriedades químicas que promovem essas sensações de euforia e as prolongam, ele pode, certamente, provocar a vontade da luxúria.

O chocolate tem uma longa história associada a sentimentos de bem-estar. Adorado pelos astecas, passando pelas altas sociedades vitorianas e virando símbolo do amor nos dias dos namorados em todo o mundo, também é visto como produto afrodisíaco porque acelera o coração, como citei há pouco.

Cuidado quando a vendedora lhe servir chocolate na loja. Pode ser que você se apaixone pelo produto. No mínimo, no mínimo, ficará eufórica, excitada e se sentirá muito bem, o que naturalmente a predispõe a comprar algo de que não precisa, apenas porque, no momento, estava animada. Chocolate a faz comprar, portanto, não o coma nem como sobremesa no shopping. Prefira algo doce, mas que não tenha chocolate. Se for almoçar nesse tipo de lugar – o que já aconselhei a fazer moderadamente –, não peça sobremesa com chocolate, porque você vai engordar e seu bolso vai emagrecer. Se quiser muito comer um chocolate no shopping, leia o rótulo, pois, quanto menor a concentração de cacau no produto, menores também serão seus efeitos. Isso é só uma suposição, mas, por via das dúvidas, não custa nada consultar.

Capítulo 26

Compra coletiva, a onda que pode virar um tsunami financeiro

Os sites de compra coletiva podem ser uma opção para economizar, mas, levando em conta toda a nossa irracionalidade, também podem ser a perdição total. Eles contêm três elementos básicos que nos levam a gastar mais do que podemos e sem que percebamos. São eles:

1. O comportamento de bando; 2. A abstração do processamento da ínsula; 3. O cérebro ancestral. Essa é uma fórmula mágica e muito eficiente que nos induz a comprar algo de que não precisamos, mas que se apresenta como uma oferta encantadora e imperdível.

A verdade é que, mesmo podendo personalizar a compra numa experiência de consumo on-line, ainda somos guiados por uma mentalidade de rebanho para adotar determinados comportamentos, acompanhar as tendências e fazer compras, com base nas ações de outras pessoas, mesmo que não as conheçamos. Muitas vezes você faz e acredita em coisas simplesmente porque outras pessoas fazem e acreditam nessas mesmas coisas. Por isso mesmo é que os sites de compra coletiva estão bombando! Só que na onda você acaba gastando o que não deve e comprando o que não precisa no momento.

Outro fenômeno muito estudado na economia comportamental, que ocorre em casos como esse e pode prejudicar seu bolso, é o de descontar o futuro. Citei isso na introdução do livro. Os sites de compra coletiva fazem ofertas de até 70%, e nosso cérebro se ativa, o sistema límbico se acende, porque é um ganho, e sabemos que o prazer de ganhar é grande para esse órgão. Em situações assim, o sistema límbico prevalece sobre o córtex pré-frontal e achamos que fizemos um excelente negócio, sem pensar que vamos ter de pagar por ele. Pensamos no prazer da oferta, e não na dor do pagamento. Afinal, ela está longe!

O cartão de crédito sabota o processamento da dor da perda na ínsula cerebral; a dor só será sentida no pagamento dali a um mês. Se passar o cartão de crédito numa maquininha já é fácil, imagine apenas digitar os números na página do site. Mais fácil ainda.

A urgência é o segredo desses sites. O *Jornal da Globo*, na internet, fez uma reportagem sobre esses agentes de compra on-line e alertou que eles sabem que o tempo nos provoca e nos faz comprar por impulso, só porque o prazo está se esgotando. A promoção está lá, gritando por nós e mostrando na página quantas pessoas já compraram. Agora, você acha que se der certo a empresa não vai repetir a oferta? Tá brincando!? O administrador de um dos sites diz na entrevista que, se eles colocassem a oferta com o prazo de um mês, certamente as pessoas deixariam para o outro dia, afinal de contas, ainda haveria tempo para decidir.

Os comerciais de grandes magazines também usam esses mesmos artifícios em suas propagandas. Primeiro, os comerciais dizem: "Só amanhã" ou "É amanhã", ou, ainda, "Só nesta segunda". Isso cria o sentido de urgência e, como nosso cérebro não lida bem com a perda, não podemos deixar passar ou perder essa "oportunidade" de maneira alguma! E, com isso, ainda temos o cérebro ancestral que, segundo o princípio da savana, nos dá a vontade de comprar "agora", imediatamente, e não amanhã ou depois de amanhã.

Depois, chegamos à loja cheia de gente que viu as mesmas ofertas e começamos a agir como o bando. Ativamos nossos neurônios-espelho e agimos como os outros. Quando chega a hora de pagar, não sofremos, primeiro porque é no cartão de crédito e, depois, porque só pagaremos no futuro, "só no ano que vem" ou "só quando chegar o décimo terceiro" e o futuro? Nem pensamos nele!

E tem mais! Cupons de desconto podem ter uma influência extraordinária sobre nós e nossos comportamentos de compra. Essa influência é o que faz um cupom ser muito poderoso e extremamente valioso para as empresas. Certos tipos de oferta promocional na mídia social influenciam o comportamento de comunidades inteiras de forma extraordinária. É a mentalidade e o comportamento de bando, de que acabei de falar. Manipular valores de cupom é bem equivalente a manipular o valor do próprio dinheiro.

Com a condição econômica de hoje e o crescente número de pessoas acessando a internet, o interesse pelos e-cupons, ou cupons virtuais, tem aumentado muito. A Neurofocus é uma das maiores, se não a maior empresa de pesquisas em neuromarketing. Esse tipo de pesquisa utiliza equipamentos de diagnóstico por imagem e equipamentos que medem a resposta galvânica na pele, como o suor. É também utilizado o *eye-tracking*, procedimento que identifica, através do uso de óculos especiais, para onde o sujeito olha primeiro.

Sendo assim, uma pesquisa detectou que esses tais cupons on-line são mais eficientes que os impressos, muito usados pelos supermercados dos Estados Unidos. A empresa descobriu que a atenção, que é o grau de interesse, o envolvimento emocional, que é o nível de resposta afetiva, e a retenção da memória, que representa o grau de aprendizagem e codificação da memória, são mais intensos na forma on-line de promoção do que na forma impressa. Portanto, imagine só a força que essas mensagens têm sobre nosso cérebro, a ponto de nos fazer agir inconscientemente.

Meu conselho é: receba os e-mails dos sites de compra coletiva e só faça uma aquisição se realmente for necessária e para que não dê coceira nas mãos. A receita infalível é: coloque seu cartão de crédito numa vasilha de sorvete cheia de água e leve ao congelador. Deixe lá até a água virar gelo. Quando lhe der vontade de usar o cartão, ponha a vasilha congelada na pia e espere o gelo derreter. Até lá, você já terá pensado várias vezes, recobrado o juízo e se controlado. Faça um sorvete de crédito e dê um gelo na sua ânsia de comprar. Esses sites podem ser uma grande oportunidade se você souber comprar e entender os mecanismos que eles usam para atiçá-la. Isso a tornará mais consciente da realidade e mais cética em relação às tais "grandes oportunidades".

Capítulo

27

Como o clima influencia seu comportamento de compra

O clima afeta consideravelmente o comportamento do consumidor. Não estou falando somente de situações em que o frio nos faz comprar roupas mais quentes e pesadas, tomar mais chá, mais café, assim como outras bebidas para nos esquentar, nem de quando no verão mais sungas e biquínis são vendidos, tampouco que o consumo de sorvetes aumenta sensivelmente. O que vou tratar aqui é da claridade e o quanto ela nos influencia e nos faz consumir mais em geral. A luminosidade está ligada ao humor e a estados afetivos positivos e negativos, o que altera todo o nosso comportamento, inclusive o de compra.

Segundo pesquisas recentes, a umidade, a temperatura e as horas de sol ou luminosidade solar têm um efeito enorme sobre o nosso humor. Por exemplo: altos níveis de umidade provocam baixos níveis de concentração, sonolência, falta de vigor, de alegria e afeto. Nada bom para as lojas, porque nós não nos concentramos e ficamos com sono. Ribeirão Preto e algumas cidades do interior de São Paulo sofrem de baixa umidade constantemente, e talvez esse seja um dos motivos de tanta gastança, que faz do interior de São Paulo um dos mercados mais desejados pelas empresas que visam ao consumidor final, como nós. Por outro lado, as baixas temperaturas melhoram a memória, a disposição e diminuem a ansiedade. E, se ficamos menos céticos, o que significa menos desconfiados, pode ser que compremos mais. O tempo de horas de sol aumenta os escores de otimismo significativamente. Portanto, o horário de verão, em que temos mais tempo de luminosidade solar, pode aumentar nossa predisposição às compras também. Tome sol, mas tome cuidado também!

No inverno, quando os dias ficam mais escuros, nosso humor os acompanha. A falta de luz solar, característica da época, causa mudanças no humor e no comportamento. As mulheres nesse período são duas ou três vezes mais propensas a sofrer de uma leve depressão, que os cientistas chamam de *winter blues* ou "os azuis do inverno", no sentido de tristezas do inverno. E tudo isso afeta seu comportamento de consumo. Entretanto, veja bem: pode também ocorrer o inverso, porque, se você está levemente deprimida, pode querer procurar "aventuras e gastanças" para que a dopamina aumente e melhore seu humor. Ou seja: se está quente, a gente gasta; se está frio, também. O consumo, a meu ver, está sempre ligado ao desequilíbrio do organismo, que, para criar o que chamamos de homeostasia ou equilíbrio orgânico, lança mão de estratégias químicas que nos motivam, mas que também nos fazem agir muitas vezes compulsivamente em busca do prazer. A equação é simples: desequilíbrio orgânico provocado pelo ambiente (falta de luz ou umidade alta) gera níveis deficitários de neurotransmissores e isso nos faz buscar aventuras para voltar ao equilíbrio. Resultado final: gastança, compra, consumo.

Ocorre que o humor medeia a relação entre o tempo e o gasto do consumidor. O clima pode afetar como as ações são negociadas na bolsa de valores, por exemplo. Isso porque a luz solar ou a falta dela influencia o humor das pessoas, o julgamento que elas fazem e também seus pensamentos. Pesquisadores como Hirshleifer, Shumway e Saunders constataram que as ações são negociadas a preços mais baixos em dias nublados do que em dias ensolarados, o que mostra a irracionalidade dos agentes econômicos, certamente influenciados por seus estados emocionais.

Para se ter uma ideia de quanto o clima influencia o comportamento humano, um estudo da Universidade Vanderbuilt, Estados Unidos, mostra a relação existente entre as pessoas que nascem no inverno e a grande probabilidade de elas sofrerem transtornos neurológicos, como a desordem afetiva sazonal ou mesmo esquizofrenia. Isso porque a estação do ano em que o sujeito nasce afeta o núcleo supraquiasmático, que é a área que comanda o relógio biológico de todos os mamíferos. Os pesquisadores sugerem que a luz a que os indivíduos são sujeitos na infância pode ter influência no seu comportamento. Imagine só se não vai afetar o comportamento de compra e consumo de produtos e serviços.

Se você não quer gastar, fique atenta ao clima do dia e de dentro da loja também, porque luz artificial, segundo alguns pesquisadores, também pode provocar o desejo de gastança em você. O grande exemplo é Las Vegas, em que os cassinos simulam luz do dia e clima ameno, para que você gaste mais nas lojas. Na verdade, você perde a noção do tempo. Se a umidade estiver baixa, não vá às compras nesse dia, espere mais um ou dois. Cuidado no inverno para não sair de casa e ir às compras por causa da sua leve depressão natural. Fique de olho na primavera e no horário de verão, porque a luz do sol pode animá-la mais do que deveria. Outra dica para combater os tais "azuis do inverno" e não alucinar nas compras é fazer muito exercício, o que melhora seu humor, reduz o estresse e os sentimentos de depressão.

Capítulo 28

Essa menina não tem juízo!

Os cientistas estão começando a entender e dar explicações para alguns comportamentos que os pais conhecem muito bem, mas não entendem "o porquê". Fato é que a adolescência é uma época de emoções turbulentas e muito limitada de julgamentos.

O cérebro tem idades e em cada uma delas há certo amadurecimento. Isso faz total diferença no comportamento das pessoas, no de escolha e compra, inclusive. *Grosso modo*, o jovem tem um córtex pré-frontal ainda não maduro e, por isso, pouco juízo. Essa área passa por grandes mudanças na puberdade. Nesta situação, o sistema límbico, lembra-se? Aquela área central do cérebro que processa as emoções! Pois bem, ele se ativa e seu comando certamente prevalece sobre o córtex. E, se o consumo está muito mais ligado à emoção, à sobrevivência e à reprodução (essas duas últimas se processam no "complexo R", ou cérebro reptiliano), a compra será normalmente impensada. O cérebro amadurece de trás para frente: as partes posteriores ficam prontas antes das partes anteriores.

A poda sináptica é um fato nessa época. Tudo o que não for usado é cortado. O cérebro faz uma análise das ligações neuronais que foram aprendidas, mas que não estão sendo usadas, e as elimina. Usando técnicas de exames em neurologia, cientistas descobriram que o corpo celular se expande fantasticamente de quando somos crianças até a pré-adolescência, mas, na puberdade, boa parte das conexões neurais é podada. Na verdade, o cérebro descarta neurônios e sinapses (comunicação entre neurônios) de que não precisa mais ou que não são mais usados. Algumas conexões entre as células nervosas do cérebro são fortalecidas e muitas outras, enfraquecidas. É, segundo a revista *Mente & Cérebro*, a aplicação da chamada lei do uso e desuso. Veja quanta modificação acontece.

A adolescência leva à alteração brusca e extensa do corpo e da mente. O estirão do crescimento que marca essa fase no início promove bagunça e também perda da identidade corpórea. A verdade é que o corpo muda de configuração mais rapidamente do que o cérebro tem condições de acompanhar, e a representação do corpo no cérebro fica reduzida em proporção às diversas partes do corpo. As consequências são desastrosas, e aparentes os desastres, pois o cérebro comanda membros, como os braços e as mãos, maiores do que os representados dentro dele. Por isso é muito comum os adolescentes derrubarem coisas à mesa, andarem desajeitados e ficarem tirando foto com o celular na frente de qualquer espelho. Principalmente de banheiros de clubes e shoppings. É o pedido do cérebro que quer entender o que está acontecendo e tentar acompanhar essas modificações corporais. É o ajuste da identidade corpórea. Isso tudo certamente também faz com que as roupas sejam trocadas constantemente.

Quando um adolescente burla as regras da casa e sai escondido para uma balada, ou ainda se arrisca em certas situações e dá respostas intempestivas às perguntas dos pais, a culpa não é somente dos hormônios, como se pensou por muito tempo. O que acontece é que as estruturas cerebrais que inibem respostas intempestivas ainda não se consolidaram. As alterações mais importantes por que passa o cérebro nos últimos anos da adolescência têm lugar no córtex pré-frontal. Alguém que não tem controle das emoções, o juízo pouco ativo e se arrisca para aumentar seus níveis de dopamina pode ser um consumidor ávido, porque as compras e o cartão de crédito fora do limite são uma grande aventura. Isso não quer dizer que todos sejam assim, mas, se esse comportamento manifestar-se em alguém que você conhece, saiba que a culpa não é do ambiente, dos amigos com quem ele anda, mas basicamente da arquitetura (anatomia) e do processamento (fisiologia) cerebral e orgânico como um todo. E não é por isso que a partir de agora todo jovem será absolvido por suas atitudes de compras tresloucadas.

A notícia que as neurociências nos dão é que as mudanças para melhor só começarão a partir dos 18 anos e se estenderão até os 25 anos. É por volta dessa época que a área frontal do córtex amadurece, consolidando o tal senso de responsabilidade que tanto cobramos deles. Imagine só quanto tempo você vai ficar aflita com a chegada da fatura do cartão de crédito. Haja coração e dinheiro para tanta falta de juízo. A verdade é que o jovem não tem medo, como adultos e crianças. Entre as mudanças de que falei está a supressão dos medos aprendidos na infância. Por isso são tão atrevidos e destemidos. Supõe-se que áreas do cérebro associadas à experiência do medo são menos ativadas. Se não têm medo da bronca, provavelmente também não têm medo de ultrapassar os limites do cartão.

Tenha juízo você ao dar um cartão de crédito nas mãos de seus filhos adolescentes. A falta de senso deles é justificada pela inundação de hormônios, pelas mudanças cerebrais e do organismo em geral. Eles até têm consciência, mas ainda não têm controle sobre as emoções, que falam mais alto do que a razão. Se é que existe alguma. A culpa não é deles, mas é, inteira, sua, mesmo porque seu córtex já é amadurecido e você tem discernimento. O que acontece, muitas vezes, principalmente com as mulheres, é que, mesmo tendo a área frontal madura, o sistema límbico ou emocional ainda fala bem mais alto quando se trata de um filho. Um segredo para ficar entre nós: eu sempre usei de artifícios de caras tristes, sinais de desolação para convencer minha mãe a comprar objetos e roupas muito caros, obviamente escondida do meu pai. E, quando ele perguntava, sempre respondia que havia sido um terço do preço real.

Capítulo

29

Seu cérebro ainda pensa que está na savana

Existe uma teoria chamada "O princípio da savana" que traduz muito do que estou falando neste livro. Desenvolvido por Satoshi Kanazawa, um dos pesquisadores em psicologia evolucionista, esse princípio prega que o ambiente que moldou o cérebro humano através da seleção natural é muito diferente do que o que nós vivemos atualmente e isso promove uma série de incoerências comportamentais, inclusive na sua maneira de escolher e comprar produtos e serviços. Isso tudo porque seu cérebro mudou muito pouco de lá pra cá.

Seus antepassados, eu estou falando de, no mínimo, 10 mil anos atrás, ansiavam por alimentos açucarados, gordurosos, e também tinham o costume de comer o máximo que pudessem, por não saberem se comeriam no dia seguinte. Isso traz consequências diretas para a nossa vida. Você não precisa comer rápido e em grandes quantidades, tampouco seu organismo precisa reservar ou armazenar gordura para o caso de escassez.

Agora, segundo o princípio da savana, você pode imaginar quantos produtos a indústria vende a você simplesmente porque as personagens usam? Quem não comprou o esmalte da Bete Goveia? E o corte de cabelo da Melina, assim como os ternos bem cortados do Fred? E a gargantilha do Divino Espírito Santo da Tereza, personagem da atriz Lilia Cabral? Eu escreveria um livro inteiro só de citações desses produtos. Tem ainda os produtos anunciados no Big Brother Brasil e os que os *brothers* usam. Nos Estados Unidos, essa prática de anunciar disfarçadamente nas novelas é bem antiga. No Brasil, a primeira ação de merchandising em TV aconteceu numa novela chamada *Beto Rockfeller*, em 1969, em que Beto, personagem de Luiz Gustavo, amanhecia de ressaca por causa da bebedeira na noite anterior e tomava um antiácido efervescente Alka Seltzer.

Chamado de merchandising comercial, essa forma de convencer você a escolher um produto qualquer tem vários formatos: 1) menção no texto, que acontece quando os personagens só falam o nome da marca ou do produto num diálogo; 2) conceitual, que é quando uma personagem explica para outra as vantagens, a importância ou mesmo o preço do produto; 3) o estímulo visual, quando tal produto é visto como componente da cena e bem explorado pela câmera; e, por fim, 4) o uso do produto ou serviço em que a cena mostra a personagem utilizando o tal produto ou o serviço.

Para você parece natural, parte da história, mas na verdade é tudo muito bem planejado e caro. Passando despercebido, diferentemente de uma propaganda, o convencimento fica mais efetivo, porque na sua cabeça não estão vendendo nada, apenas faz parte do contexto. É assim que a TV nos convence a ser correntistas de bancos, a comprar joias e roupas, a fazer cortes e tratamentos de cabelo etc.

Na explicação evolutiva de Kanazawa, homens e mulheres que assistem a certos tipos de programa de TV, como a novela, são mais satisfeitos com suas amizades, como se tivessem mais amigos e permanecessem com eles mais frequentemente. Isso porque uma novela ou um seriado são apresentados diariamente. Ocorre que o cérebro entende que, quando você encontra pessoas em situações não hostis para você, elas são amigas, e não percebe a diferença entre TV e realidade. Outro estudo feito na América do Norte, com livros, mostrou que o cérebro interpreta histórias literárias e romances de modo semelhante ao modo como faz com acontecimentos reais. Imagine o efeito que tem a TV! O cérebro foi projetado para entender o personagem como verdadeiro amigo ou inimigo. E atenção para o detalhe: na pesquisa de Kanazawa, as mulheres são mais suscetíveis a ser amigas de personagens. As afirmativas que fiz anteriormente são tão verdadeiras que muitos atores são hostilizados e achincalhados nas ruas quando fazem o papel de vilão numa novela. As pessoas e seus cérebros ancestrais não diferenciam o personagem do ator, fundindo ambos naquele sujeito que elas veem todos os dias, fazendo maldades na TV.

Já notou que seu coração dispara quando há uma cena de suspense num filme? Seu cérebro não interpreta aquilo como uma mentira ou encenação, mas como realidade, e provoca reações involuntárias e automáticas, como o coração disparado, o suor nas mãos, enfim, todas as reações que você sentiria se acontecesse o mesmo na realidade.

Como você pode notar, o efeito da TV pode ser devastador no seu orçamento mensal. Esse equipamento eletrônico é um excelente programador da sua mente e tem entrada franca no seu subconsciente, reduzindo sua habilidade de analisar as informações que veicula e que seu cérebro interpreta como verdade, ou melhor, como realidade. Saiba separar as coisas, assista à sua programação, divirta-se, mas modere na exposição diária e perceba quando estão tentando vender algo a você, mesmo que disfarçadamente. Faça um teste. Conte quantos produtos são "vendidos" por capítulo e você ficará de boca aberta. O merchandising invadiu a programação televisiva, que, por sua vez, invadiu sua casa, e seu cérebro interpreta tudo como realidade, são todos seus amigos. Pode ter certeza de que você e sua família não precisam desesperadamente daquele aparelho ou objeto que foi exibido na novela. A realidade é que seu dinheiro não é ficção e é duro de ganhar.

Capítulo

30

Olhe por onde anda para não gastar mais

Qual a importância da **altura de uma loja?** Talvez, para você, nenhuma, pois pouco se atenta a isso. Tenho certeza de que você nunca sequer olhou para cima, a não ser numa loja de lustres. O que na verdade lhe interessa são os produtos espalhados pela loja. Mas, preste atenção a partir de hoje, porque o pé-direito de uma loja faz toda a diferença no seu comportamento de consumo. Uma pesquisa incrível, feita por Joan Meyers-Levy, professora de marketing da Universidade Carlson, em Minnesota, nos Estados Unidos, mostra que o pé-direito de uma loja afeta a maneira como você pensa e age. O estudo feito pela professora e sua equipe identificou que, quando você está num espaço cujo teto mede 3 metros de altura, tende a pensar de forma mais livre e abstrata. Mas, se está num local ou numa loja cujo teto tem uma altura de 2,40 metros ou inferior, você se concentra mais nos detalhes.

Acontece que as variações de altura do teto podem evocar conceitos, que, por sua vez, afetam a maneira que você, como consumidora, processa as informações do ambiente em que se encontra. Loja alta estimula conceitos de liberdade e naturalmente faz com que você aja com maior tranquilidade, menor receio, e o oposto, a loja baixa, deixa-a mais alerta, mais atenta a todos os detalhes. Essa descoberta tem importância estratégica para as lojas que pretendem vender mais para os consumidores. As pesquisadoras dão um exemplo muito curioso sobre um hospital. Elas dizem que uma sala de cirurgia deve ser baixa para que o médico fique muito atento a tudo, e o quarto onde o paciente vai se recuperar, ao contrário, deve ter um teto alto, para que não fique atento à sua condição. Algumas definições:

Arquitetura: teto alto. *Associação e conceitos ativados*: relacionados à liberdade. *Tipo de processo*: induz a um processo relacional. *Comportamento*: a ênfase é na integração da informação e abstração.

Arquitetura: teto baixo. *Associação e conceitos ativados*: relacionados a confinamento. *Tipo de processo*: induz a um processamento específico de cada item separadamente. *Comportamento*: ênfase na análise separada e específica relativa a apenas uma informação.

E veja só: se o teto influencia nosso estado emocional e a maneira como agimos, também exerce o mesmo efeito de liberdade e confinamento no comportamento do vendedor, que, numa loja de pé-direito alto, vai estar mais relaxado e talvez a deixe mais tranquila para escolher, decidir e comprar. Ao contrário, numa loja cujo teto é de 2 metros ou menos de altura, o sujeito ficará no seu pé ou pelo menos seguindo você com o olhar e observando todos os seus movimentos, até porque você é o foco dele.

Agora, imagine um lugar em que você se sinta confinada, agitada, e o vendedor fazendo pressão. Se não tiver consciência, vai levar gato por lebre e um montão de produtos de que não precisa nem vai usar. Outro ponto a se prestar atenção é que no ambiente alto seu poder de abstração e de relacionar aumenta e talvez isso a faça ficar imaginando e sonhando com todos aqueles produtos na sua sala, no seu armário, no seu corpo, em uma festa, no seu carro. Aí não há dinheiro que chegue!

Cuidado com as lojas de teto alto! Elas a deixam mais tranquila e isso significa que você não vai se atentar aos detalhes do produto e do preço. Além disso, como estará relaxada e sentindo-se livre, ficará mais tempo na loja e gastará mais do que o necessário. Lojas que têm teto alto e cartão de crédito próprio podem ser um verdadeiro perigo, porque, além da tranquilidade gerada pela amplidão, há também o engodo da ínsula cerebral, que acaba não processando o medo da perda. Logo que entrar, olhe para cima, perceba a altura da loja e esteja consciente do que ela quer que você faça. Fique de olhos abertos para os preços nas etiquetas e compare bastante antes de comprar. Não deixe que o ambiente criado a influencie. Leve sempre dinheiro, se possível, porque, sabendo o quanto você tem na carteira, será mais crítica e seletiva.

As lojas de tecnologia, seguindo esse princípio, devem ter tetos baixos para que você atente às características dos produtos e seja criteriosa. O problema é que talvez você não consiga ficar muito tempo por lá. Portanto, se você quer comprar um produto de alto preço e precisa atentar-se aos mínimos detalhes, procure uma loja de pé-direito baixo. Caso contrário, esteja consciente do que a atmosfera da loja provoca em seu cérebro.

Capítulo

31

Quando for a uma butique, veja bem onde vai sentar

Quando você entra numa butique, várias são as gentilezas oferecidas e algumas delas custam caro. Não é porque a loja cobre o uso da poltrona ou o cafezinho, mas porque, segundo uma pesquisa recente, você paga mais pelos produtos que está escolhendo quando está sentado numa confortável e macia cadeira ou num sofá. É verdade! Você pode até pensar que, por estar sentada em um banco duro, ficará cansada facilmente, desconfortável e terminará logo a compra. Porém, a pesquisa mostra que a questão vai além do simples fato de ser desconfortável. Acontece que objetos duros promovem maior rigidez por parte do cliente na negociação.

Um experimento envolveu uma negociação de preço de carros em que os sujeitos pesquisados fizeram uma oferta de preço por um veículo, a qual foi rejeitada. Então, os supostos compradores deveriam fazer uma segunda oferta e avaliar seus parceiros de negócio (aqueles que recusaram as ofertas). Os pesquisadores descobriram que existia uma diferença significativa de opiniões entre as pessoas que sentaram em cadeiras duras e as que sentaram em cadeiras confortáveis e macias. As primeiras julgaram seus parceiros negociadores menos emocionais. Mais significante do que isso é que os compradores ou pesquisados que se sentaram nas cadeiras macias fizeram ofertas 40% maiores do que os outros. Resumindo: a cadeira dura, desconfortável, mudou a percepção dos compradores em relação aos vendedores, o que os fez se tornarem negociadores mais difíceis, mais duros de serem convencidos.

Outro estudo muito curioso e revelador, feito por um pesquisador chamado John Bargh, também da Universidade de Yale, mostrou que a temperatura da bebida faz toda a diferença em como uma pessoa julga a outra. Nesse estudo, o pesquisador deu xícaras de café, algumas com a bebida gelada e outras com ela quente, para as pessoas que estavam sendo pesquisadas. Depois, pediu a elas que avaliassem a personalidade de uma terceira pessoa, baseadas em informações cedidas. As que seguraram uma xícara de café quente avaliaram a personalidade do indivíduo como mais "quente", afável, do que as que seguraram a xícara de café gelado.

Outra pesquisa feita anteriormente confirma o fato. Nessa ocasião, foi oferecido um cupom de presente que as pessoas poderiam guardar para si ou dar para um amigo. Aqueles a quem deram almofadas terapêuticas aquecidas para segurar enquanto faziam a pesquisa foram mais condescendentes e deram o cupom para amigos, bem diferentes dos outros pesquisados que seguraram pacotes congelados, comprovando que a temperatura muda o comportamento das pessoas.

Isso tudo tem respaldo de estudos do cérebro feitos recentemente, com o uso de diagnóstico por imagem, mostrando que a experiência de estímulos quentes ou frios provoca atividades na ínsula. O "perigo" está no fato de que as bebidas quentes não afetam somente sua percepção sobre os outros, mas também seu próprio comportamento, porque o calor físico pode fazer com que você veja as outras pessoas como calorosas e até mesmo mais "quentes" ou generosas e confiantes.

Estudiosos do comportamento sugerem que a ligação da temperatura com a emoção sentida e o comportamento, que a faz achar alguém mais quente ou caloroso, supõe-se vir da infância e dos cuidados maternos que a aqueceram com calor físico. Experiências de temperatura física por si geram comportamentos pró-sociais, pois buscamos aquecimento naturalmente.

Tudo isso pode parecer incrivelmente esquisito, mas é a pura verdade. Portanto, esteja ciente de onde você se senta numa loja e do que bebe, pois tudo isso pode fazer a diferença na sua percepção e também no seu bolso. E daí você vai ficar desconfortável com o quanto gastou e gelada só de pensar o quanto isso vai pesar no seu orçamento.

Capítulo 32

Que novidade! Por que tudo o que é novo é bom?

Nosso cérebro é construído para ignorar o "velho" e manter o foco no "novo", é o que diz Russel Poldrack, neurocientista da Universidade do Texas, em Austin. A novidade é um dos mais poderosos sinais para determinar em que prestamos a atenção. E, pensando bem, ele tem razão, pois tudo isso faz sentido à luz da psicologia evolucionista, desde que não é produtivo despender todo o nosso tempo nem mesmo energia prestando atenção em tudo a nossa volta, que não muda dia após dia. Prestar atenção em objetos, pessoas e situações não é barato para o cérebro, que gasta muita energia e, portanto, é custoso para o organismo. Só para você ter uma ideia, das quase 2 mil kcal que seu organismo precisa receber via alimentação, com o intuito de manter-se vivo, 450 kcal são consumidas somente por seu cérebro. Por isso, você se concentra prioritariamente nas novidades. É aí que mora o perigo! O cérebro tem fome de novidade.

E quem está por trás disso tudo? A nossa velha conhecida dopamina. A novidade promove a ativação de vários sistemas cerebrais e o principal deles é o dopaminérgico. Dá para entender por que as filas se formam e pessoas se sujeitam a ficar na frente de uma loja dia e noite, só para serem as primeiras a comprar um lançamento da Apple (iMac, iPod, iPhone, iPad). Isso é incrível, não é mesmo? Grande parte das novas pesquisas vem mostrando que essa química cerebral está mais para o neurotransmissor do "dê-me mais" do que do bem-estar. O papel dessa substância não está no prazer que podemos obter, por exemplo, após uma compra, mas no desejo que ela mantém vivo de sempre querermos mais e mais, mesmo depois que o que nos motivou já não traga tanto prazer.

A ligação da novidade com a dopamina é que essa substância química está também envolvida na aprendizagem e na memória. Ambas acontecem quando há mudança na maneira como os neurônios se conectam uns aos outros e quando a dopamina é liberada no tronco encefálico para se espalhar; significa que é hora de o cérebro começar a aprender o que está acontecendo. Tchanram! A novidade.

Um estudo realizado por pesquisadores da University College, em Londres, e publicado pela revista *Neuron*, uma das mais prestigiadas na área de neurociências, revela que a opção pelo desconhecido, pelo novo e inédito, desperta a atividade na região do estriado ventral, localizada na área primitiva do cérebro. E que a existência desse processo de busca de recompensa contribuiu para a sobrevivência da espécie humana e de outras também, que, para se adaptarem às mudanças, estão sempre experimentando coisas novas. Caso contrário, já estaríamos extintos. Experimentar novas opções é um ato vantajoso no longo prazo. Nesse estudo, os cientistas recrutaram pessoas voluntárias e as fizeram familiarizar-se com um grupo de imagens e fotos que estavam associadas a uma recompensa. Assim, desde o início, todos já sabiam quais imagens trariam mais recompensa, mas, para a surpresa dos pesquisadores, cada vez que eram mostradas novas imagens, os tais voluntários tinham a tendência em escolher justo a desconhecida. É o inato, o cérebro ancestral agindo sistematicamente, por causa da novidade. Foi aí que, com a ajuda de equipamentos de diagnóstico por imagem, analisou-se o fluxo sanguíneo cerebral dos voluntários e detectou-se maior atividade do estriado ventral no momento em que eles escolhiam a imagem desconhecida.

Outro cientista, Seth Grant, vai ainda mais longe e mais fundo, alegando que tal mecanismo existente em nosso cérebro está operando antes da existência do estriado ventral, o que significa ser ainda mais antigo do que imaginamos, pois invertebrados, que não têm essa área cerebral, também são movidos pela busca da novidade.

Entretanto, apesar de a busca de novidade ser, do ponto de vista evolutivo e no longo prazo, um mecanismo útil para a sobrevivência da espécie, torna-nos vulneráveis à voracidade das empresas de lançarem novos produtos constantemente com a intenção de nos fisgar. Não é à toa que surgem tantos produtos e serviços todos os dias, um superando o outro em algumas características e benefícios. Mas já reparou que você compra, por exemplo, um celular cheio de utilidades e não usa sequer um quinto delas? O mesmo vale para o computador, a TV e todas as tecnologias existentes. Essa busca por novidade constante já é um vício de consumo.

Seu cérebro e a química que circula dentro dele vão atiçá-la, provocá-la de forma automática e inconsciente. Sabendo disso, pare e pense, porque esse dinheiro economizado será de grande utilidade para algo de que realmente você precisa. Além do que todo produto, com o tempo, baixa de preço. Espere os novidadeiros comprarem e, quando o valor cair, você compra. Assim você comprará o objeto, e não a novidade.

Capítulo 33

Vamos fazer uma fezinha. A esperança é a última que morre

Ganhar na loteria é o sonho de todo apostador compulsivo ou mesmo ocasional. Basta acertar os números sorteados. Mas você já parou para pensar na probabilidade de acertar exatamente os números sorteados? Daí, os convictos me dirão: "Alguém ganha, por que não eu?". Essas frases prontas são, na verdade, uma tentativa de justificar um ato completamente irracional, que é jogar. Olhe só: se apostarmos um jogo de seis dezenas, a probabilidade de ganharmos será de 1 em 50.063.860, que corresponde a 0,000002% de chance de ganhar. Loucura, não é? Mas pessoas tidas como altamente inteligentes compram bilhetes de loteria e sabem que não vão ganhar (conscientemente), mas, só de antecipar a possibilidade de faturar o prêmio, o cérebro se inunda de dopamina.

O que acontece, então? Por que joga se sabe que vai perder dinheiro? O que torna os jogos de azar tão irresistíveis? Mais uma vez: a ação da velha conhecida dopamina. No entanto, sinto dizer-lhe: não existem padrões a serem decifrados. É como um macaco numa experiência feita por Schultz. Havia um sinal sonoro e depois disso o macaco recebia umas gotas de suco de maçã – o cérebro do animal era monitorado. No começo, o cérebro disparava quando recebia o suco, mas, com o tempo, ele se ativava só com o sinal. O sinal era um prenúncio de recompensa, como é o bilhete de loteria para você. Mesmo que nunca tenha experimentado ganhar, você sabe exatamente o que poderá vir e tem a esperança de que venha. Você está agindo como o macaco tentando prever quando chegará o suquinho.

O grande problema está no fato de que os neurônios dopaminérgicos se ativam com as recompensas previsíveis, mas se ativam ainda mais forte com recompensas surpreendentes. Segundo Schultz, as recompensas imprevisíveis costumam ser três ou quatro vezes mais excitantes do que as que podem ser previstas com antecedência. Esse mecanismo existe para que o cérebro preste atenção a novos estímulos, caso contrário não buscaríamos novos mecanismos de sobrevivência na natureza nem melhoraríamos nosso desempenho evolutivo. Se você ganha um troquinho ali, outro aqui, acertando a quadra, o que acontece com maior frequência, esse mecanismo se acirra ainda mais. E daí vem o vício pelo jogo.

Se sabemos que a probabilidade de ganhar é extremamente improvável, os tais neurônios dopaminérgicos deveriam evitar o desgaste mental da aposta e não mais se excitar. Mas, em vez de ficar decepcionados e entediados com o mesmo resultado sempre (não foi dessa vez! Como nos últimos dez ou doze anos), eles ficam, na verdade, obcecados, porque, como não decifram o padrão, não conseguem se adaptar a ele, e jogamos novamente, e mais uma vez, e só dessa vez... Isso sem contar a antecipação, isto é, só de imaginar o que faremos com tanto dinheiro, os neurônios dopaminérgicos se acendem.

Olhe só: meu sogro fica superanimado com os jogos e me diz que dessa vez passou perto. Daí eu pergunto:

— Quantos números você acertou?

E ele me diz entusiasmado:

— Quatro!

Volto e pergunto novamente:

— Então você fez a quadra? Quanto ganhou?

E ele responde:

— Nada! Foram dois números num volante e dois noutro.

Pode imaginar? Para ele foi "quase" e por isso joga novamente e sempre. Às vezes ele diz que fez a quina, e já se sabe... Três números certos num volante e dois no outro. Minha sogra, então, é mais viciada ainda, seus neurônios dopaminérgicos gritam, pois joga em média R$ 90,00 por mês (o que para mim é uma fortuna) e fica doida para saber o resultado imediatamente. Quantas vezes não parei meu trabalho para entrar no site e ver os números sorteados para ela! Uma vez, ela bateu na porta do banheiro em que eu estava, para que eu entrasse na internet. Perguntei se poderia acabar o que estava fazendo. E ela sempre acredita que na próxima semana será a sortuda da vez. Vive fazendo planos com esse dinheiro, quanto vai dar para quem e o que vai fazer.

Ao mesmo tempo que o cérebro emocional pode ser extremamente inteligente, pode também ser vulnerável a falhas surpreendentes. Isso porque nosso corpo tem razões que nem sempre são adaptadas ao nosso tempo, nem sempre fazem sentido para a nossa medida de razão. Mas fazem todo o sentido para a sobrevivência num ambiente ancestral. A curiosidade, o risco e a busca por novidade são algumas dessas características que nos fizeram chegar até aqui. Experimentando é que chegamos a ser *Homo sapiens sapiens*. É por isso que você joga, mesmo que seja provável que não ganhe. O mais engraçado é que até o nome do produto já diz: "jogo de azar", e mesmo assim nós insistimos. Incrível, não é mesmo? Nosso corpo tem mecanismos biológicos que manipulam nosso comportamento e por isso fazemos algo tão insensato constantemente.

A dica é: você não precisa parar de jogar. Tome isso como uma diversão, e não como um objetivo de vida. Entretanto, sempre que for a uma lotérica, aposte metade do valor de costume e a outra metade, guarde debaixo do colchão ou numa poupança. Se você não ganhar – que é a maior probabilidade – mesmo assim, no fim do ano, terá uma graninha para uma loucura pessoal. Dessa maneira, você se diverte tendo prazer de imaginar o que faria se ganhasse e tendo o prazer e a surpresa depois de algum tempo com o dinheiro que juntou. Faça da sua mania uma poupança. Agora, se você for a sortuda da vez, terá o valor da loteria mais o da poupança. Quer dizer, você ganha de qualquer maneira. Pode ter prazer maior?

Capítulo 34

Veja se isso faz sentido para você!

É por meio dos cinco sentidos que percebemos o mundo. Eles são como a porta de entrada de qualquer provocação do ambiente externo. Antes que nós, consciente ou inconscientemente, tomemos alguma atitude ou ajamos de certa maneira, as informações passam pelos sentidos, depois é que são processadas no cérebro para gerar comportamento específico de aproximação ou fuga. Os sentidos são as antenas do organismo que captam as informações que vêm de outros seres vivos ou mesmo de objetos e lugares. Tais informações são processadas e interpretadas no cérebro, que depende do funcionamento correto do olfato, da visão, do tato, da audição e do paladar. Esses captadores de sensações provocam lembranças, bem-estar, repugnância e, obviamente, desejos de consumo.

As empresas há muito tempo sabem disso e criam estratégias de:

1. Cheiro. Quem nunca passou em frente a uma loja de perfumes num shopping, que borrifa perfume no corredor para nos fazer entrar? Supermercados nos Estados Unidos espalham cheiro de pão (artificialmente) para provocar fome no consumidor. Já vi em São Paulo *outdoor* com cheiro de pizza.

2. Visuais incríveis, usando espelhos para ampliar lojas pequenas e profundas, vitrines muito atraentes, com produtos muito bem iluminados, como joias, por exemplo. Lojas de lingerie expõem nas vitrines roupas íntimas vermelhas, porque aumentam a pressão sanguínea do homem, o que o faz ficar excitado.
3. Música lenta nos supermercados em dias tranquilos, que nos faz agir devagar, e músicas mais agitadas quando o supermercado está cheio (época de pagamento).
4. O paladar aparece nas estratégias promocionais também feitas em supermercados que nos servem uma fatia de linguiça, um pedacinho de pizza, uma geleia com torradas, e nos provocam a comprar tais produtos.
5. O tato está nas lojas de móveis e enxovais, por exemplo, que, para vender maciez dos estofados, das almofadas, de lençóis e toalhas de banho, nos permite passar as mãos e até esfregar o produto nas maçãs do rosto para sentir o prazer. Tudo isso é marketing sensorial. Se percebermos o mundo por meio dos sentidos, por que as lojas não dariam uma mãozinha para a natureza e uma forcinha para a compra?

Tenho uma mania horrível e esquisita, mas muito prazerosa, de cheirar livros novos nas livrarias. Coisa de maluco, mas que ajuda a loja a vender mais para mim. Nos Estados Unidos, essas ferramentas são planejadas nos mínimos detalhes, e aí entra o *Experience Marketing*, como eles chamam. As prateleiras dos supermercados assoviam para chamar sua atenção e o ambiente é todo preparado para ativar seus sentidos. A FAO Schwarz, uma loja incrível de brinquedos, deixa que você brinque com todos os objetos; isso para que você toque, vire criança e compre uma dúzia ou mais de brinquedos. Mexe com seus sentimentos, com seu passado, excitando seus sentidos. Ela é realmente craque nessa área.

O uso de estratégias que provocam os sentidos comprovadamente aumenta as vendas de uma loja, porque nos atraem, trazem lembranças, nos fazem acreditar que precisamos daquele produto ou serviço. Estudos mostram que há um aumento de 40% em nosso humor quando somos expostos a fragrâncias prazerosas. Mais humor, mais dopamina, mais compras. A relação é simples. Você chega a pagar R$ 20,00 a mais por um par de sapatos quando eles estão expostos em áreas que têm cheiro. Você já é do sexo que adora um sapato, se a empresa der um empurrãozinho com o cheiro, ninguém segurava o cartão, e você virará zorro, passando o cartão como uma doida, para lá e para cá, nas maquininhas malditas de crédito e débito.

A pele é o órgão mais extenso do organismo, e tocar tem um profundo impacto sobre o bem-estar. Bebês que são massageados e acariciados com frequência ganham peso 50% mais rápido do que os que não são acariciados. Então você pode imaginar os efeitos do tato quando pega um produto que comprovadamente aumenta as vendas. E não para por aí, porque o toque de leve de um vendedor em você ajuda a vender mais. Quem não gosta de fazer provas de roupa, ocasião em que a costureira mexe na roupa e toca em você? A sensação é ótima! Tem coisa melhor do que o cabeleireiro que toca no seu couro cabeludo e faz massagem? É aí que vemos o quanto o tato promove o impulso de compra. E mais: temos dez mil papilas gustativas, o que comprova a importância desse sentido para a nossa sobrevivência. Não é à toa que nos dão produtos para experimentar nos supermercados.

As dicas são: não vá a um supermercado com fome, pois isso pode acirrar sua vontade por bobagens que vão estragar na geladeira. Pare e pense no quanto você desperdiça. Abra sua geladeira, veja quantos produtos estão vencidos que você vai jogar fora, some os valores deles e repita isso toda semana, até completar um mês.

Você verá o quanto gastou sem necessidade, apenas por tentação sensorial. Quando passar em frente a uma loja, saiba que nela foi borrifado um cheiro gostoso, principalmente de baunilha, para que você compre mais. Os bancos têm cheiro de baunilha, porque essa essência ativa áreas cerebrais que promovem o processamento da confiança mais facilmente. Quem não gosta do cheiro de um carro novo? Uma concessionária mais esperta vai criar um cheiro artificial e espalhá-lo por toda a revenda, para que você já se imagine dentro do carro novo. A zona olfativa é fisicamente mais próxima dos nossos centros de decisão no cérebro. Isso faz toda a diferença! Atenção! Foco! Não se deixe enganar pelo cheiro, a não ser que valha a pena.

Capítulo

35 A voz do vendedor parece música aos seus ouvidos

Prosódia significa, em termos gerais, os sons da fala, levando em conta a pontuação, a acentuação, a entoação. Enfim, é a melodia da fala. E a pessoa que tem uma fala melodiosa tem também muita empatia. É por isso que você se encanta com vendedores de vozes melodiosas e acaba sendo influenciada por eles. Há um link entre um papo melódico e a empatia do sujeito. Estudos têm sugerido que as pessoas aprendem imitando as outras, por meio dos neurônios-espelho, e mostram também que a música da fala trabalha com um sistema parecido. Por isso, quanto maior a pontuação ou o escore da pessoa em testes de empatia, maior a atividade que ela tem em suas áreas cerebrais, que produzem a tal prosódia ou melodia da fala. Isso é incrível.

As pessoas tendem a usar papo melodioso particularmente quando falam com bebês e animais, isso porque estes não entendem as palavras, mas os sons que elas produzem. A prosódia demonstra a emoção do que está sendo dito, e isso os pequeninos e os *pets* entendem muito bem. Se você disser qualquer palavra com entonação brava, ambos vão ficar com medo, encolher-se ou fugir. Agora, se você falar com uma melodia carinhosa, tanto o bebê como o animalzinho vão entender como uma ação carinhosa. Apesar de sabermos o significado das palavras numa frase, nós também temos os mesmos mecanismos de identificação dos bebês e animais, que avaliam a entonação e a melodia da voz das outras pessoas. Isso vai nos encantar ou nos afastar numa situação de contato pessoal e mesmo de compras. Você pode perceber isso também em situações em que um sujeito é sarcástico e você não sabe se ele está brincando ou falando a verdade. A entonação não combina com o discurso.

A prosódia envolve ritmo, velocidade, altura e qualidade da voz para retransmitir uma informação linguística e emocional de um indivíduo para outro. No fundo, o que se diz está mais na melodia do que nas palavras em si. Isso nós percebemos quando uma palavra é dita com uma entonação diferente do seu significado. Um componente significativo da comunicação social humana é a dependência da interpretação e da resposta ao tom prosódico de uma outra pessoa, bem como a própria capacidade de produzir discursos prosódicos.

A informação emocional pode ser transmitida por diversos meios: como algo que se diz, através de gestos, por expressão facial e também pela entonação da voz. Uma dessas modalidades pode alterar a percepção da outra. Numa pesquisa feita com ressonância magnética funcional, a tecnologia que os neurocientistas usam para tentar entender o comportamento das pessoas, identificaram-se as regiões do cérebro que mensuravam as melodias da fala e as expressões faciais. Neste estudo os pesquisados mostraram ter medo de expressões faciais neutras quando acompanhadas por uma voz temerosa, em comparação com as mesmas fotos sem sonorização ou estímulo auditivo. Isso demonstra que a prosódia faz toda a diferença na percepção que temos das pessoas. A área da amígdala foi ativada fortemente nessa pesquisa, sinal de que as pessoas sentiram medo e ficaram alertas.

Cientistas descobriram que as pessoas que usam a prosódia com mais frequência nos papos do dia a dia demonstram mais altos níveis de atividade na área de Broca (a região que está a dois centímetros acima e à frente de cada orelha) e também são mais empáticas. Isso significa que, se o vendedor tem inflexões melódicas na fala, ele lhe parecerá mais convincente, porque será mais capaz de se identificar com suas emoções e você com as dele. Uma arma e tanto, não acha?

Pesquisas também apontam que histórias vendem mais, isto é, quando lhe é contada uma história, a possibilidade de você comprar o produto é significativamente maior do que uma venda rápida, dura, seca, sem papo. Agora, pense em um consultor de vendas, como eles gostam de ser chamados, que tenha histórias para contar sobre o produto e uma fala cheia de melodia. É atração fatal! Você certamente vai comprar. Portanto, o conselho, desta vez, é tomar cuidado com papo de vendedor. Sem você perceber, ele vai envolvê-la na compra como a cobra Kaa, do desenho animado *Mogli*, que tenta hipnotizar o menino selvagem com sua voz melodiosa. Você vai se encantar e achar que fez um ótimo negócio, e nem sempre isso será verdade, mas na hora soará muito bem. Se for um consultor com talento em marketing, ele vai mostrar a você não somente as características do produto (cor, formato, potência...), mas principalmente os benefícios que o produto pode lhe trazer, e daí uma boa história de alguém que já usou e está muito satisfeito vai fisgar sua atenção e seu coração.

Não precisa tapar os ouvidos. Basta que esteja ciente da situação, que não é a simpatia, a voz melodiosa nem a empatia do consultor que lhe farão gastar seu rico dinheiro. É novamente o canto da sereia tentando levar você para o fundo.

Capítulo

Se o vendedor chegar perto da sua orelha direita, não lhe dê ouvidos

36

Quando estiver numa loja ou mesmo comprando algo de um promotor de vendas em casa, no cabeleireiro, na manicure ou em outro lugar, não dê o ouvido direito para receber a mensagem, porque isso vai lhe custar caro. Você, eu e todos os seres humanos que são abordados pelo ouvido direito temos mais propensão a realizar uma tarefa e esta pode ser a compra de alguma coisa: uma casa, um carro, uma bolsa, um sapato, enfim.

O Dr. Luca Tommas e a Dra. Daniele Marzoli, ambos de uma universidade italiana, fizeram uma série de estudos para identificar a realização de tarefas, com base em situações de comunicação criadas para o ouvido direito e o esquerdo. Sabe-se há muito tempo que o lado esquerdo do cérebro controla e recebe informações de membros do lado direito do corpo e vice-versa. A informação vem cruzada e é processada no lado oposto. Essa assimetria é clássica em neurociências e gerou inúmeros estudos para comprovação.

Uma dessas assimetrias em humanos é a dominância do ouvido direito para atender a estímulos verbais. Acredita-se que ele reflete a superioridade de processamento da informação verbal no hemisfério esquerdo do cérebro. Todos os estudos anteriores eram feitos em laboratório, de maneira controlada, mas esses feitos na Itália foram realizados em situações do dia a dia, em bares, o que aproxima a experiência da realidade.

Os pesquisadores fizeram três experiências curiosas. Uma delas foi observar a preferência por qual ouvido era escolhido no momento de falar para interagir com outras pessoas em um clube noturno. De 286 pessoas que estavam na boate e tentavam falar algo com música alta no fundo, 72% delas falaram no ouvido direito dos amigos ou namorados. No segundo estudo foram abordados 160 *clubbers* e lhes foi murmurada uma palavra inaudível. Esperou-se que os sujeitos virassem a cabeça oferecendo a orelha direita ou a orelha esquerda para poderem entender corretamente a mensagem dita. Daí os pesquisadores pediram um cigarro. Dos sujeitos pesquisados, 58% ofereceram o ouvido direito e 42%, o esquerdo. Notou-se que as mulheres, em sua maioria, ofereceram também o lado direito. No último estudo, foram abordadas 176 pessoas numa boate, às quais se pediu cigarro nos dois ouvidos. Sabe o que aconteceu? Os pesquisadores ganharam mais cigarro quando abordaram pessoas pelo lado direito.

O bacana nesses estudos é que, por terem sido feitos num ambiente natural, real, as pessoas não tinham a menor ideia de que uma pesquisa estava sendo feita naquele momento. E o resultado se aproxima muito da realidade.

Por esses três estudos, podemos concluir que seu ouvido direito é o melhor para alguém que quer lhe vender algo. Os contatos serão sempre mais bem-sucedidos quando usado o ouvido direito. Imagine se com essa estratégia o vendedor tiver uma história para lhe contar! Fique esperta e não deixe que o vendedor a aborde pelo lado direito.

Capítulo 37

Mulher, quando sobe no salto, sai de baixo!

Olhe dentro do seu armário e veja quantos pares de sapato você tem. Não precisa se justificar, porque você vai achar um motivo para a compra de cada um deles, mesmo que não os use. Mas a verdade é que, como todas as mulheres, você é aficionada por sapatos e seus olhos brilham quando veem algum na vitrine ou mesmo numa revista de moda. Mas toda essa paixão tem uma razão e, certamente, ela é evolutiva.

Num salto alto, seus pés parecem menores e mais afilados, as panturrilhas ficam alongadas, sua postura é mantida ereta e tudo isso junto lhe dá de presente um andar mais refinado, mais elegante. Tratando-se de anatomia e ancestralidade, o uso do salto alto tem um motivo muito claro. Você está se portando como os chimpanzés fêmeas, que, no cio, ficam nas pontas dos pés, empinam o bumbum e arqueiam as costas. E daí fica difícil não notar os quadris, as nádegas que se elevam até 30 graus, a projeção dos seios e também a inclinação da pélvis. Se os macacos o fazem e nós também, é porque nossos ancestrais em comum também faziam. Se a estratégia deu certo e chamou a atenção dos machos num passado remoto, o comportamento deve ser mantido. É um comportamento vencedor e vai perdurar.

Além de mostrar que está no cio, outro motivo evolutivo de que as pernas alongadas ou compridas são bonitas e apreciadas pelos homens, elas mostram, assim como o cabelo e a pele, que a mulher teve um desenvolvimento estável e que tem saúde. Isso porque uma das coisas que as doenças promovem é a falta de crescimento, e as pernas ficam proporcionalmente menores em relação ao tronco.

Numa pesquisa feita na Polônia, que pedia a homens e mulheres para classificarem a atratividade de sete pessoas do sexo masculino e sete do sexo feminino, que tinham comprimentos de pernas diferentes, notou-se que pernas 5% mais longas do que o normal para a altura da pessoa eram consideradas ideais. E como se faz isso? Com o salto alto, é claro! Ele dá essa proporção de beleza e elegância que você quer para chamar a atenção dos homens e sinalizar às outras mulheres que você é a melhor escolha. Vale a pena repetir: não é porque a mulher é casada que ela não vai usar dessas artimanhas inconscientemente. É o organismo, o cérebro reptiliano, bem como o sistema límbico que mandam agir assim. Não é atrevimento, são seus instintos. Isso vale para casadas, mesmo porque elas precisam defender o futuro da sua prole e, para isso, manter o macho (marido) por perto e longe de outras fêmeas.

Já num estudo feito numa Universidade de Londres, chegou-se à conclusão de que a mulher ideal deve ter pernas com quase uma vez e meia o comprimento do tronco. Não é por acaso que as megamodelos globais têm pernas tão longas em relação ao tamanho do corpo. Pense em Naomi Campbell, Claudia Schiffer e todas as modelos de sucesso.

Outra hipótese que surge no livro de Gena Pincott, sobre psicologia evolucionista, é que para andar de salto alto é preciso ter saúde, boas articulações e muito, mas muito equilíbrio, o que somente uma mulher saudável pode fazer. Andar de salto alto, para a autora, é uma forma de exibir um bom condicionamento por parte da mulher.

Dados mostram que sapato de salto alto é um dos produtos mais comprados compulsivamente. E, se você prestar atenção, ele está ligado diretamente com a sexualidade, assim como a lingerie.

Exemplos disso não faltam! Eles estão nos filmes pornográficos e são itens de fantasia das mulheres, aparecem no carnaval, pois você não vê passista de rasteirinha. Nas fantasias de desfiles de escolas de samba, falta pano, mas não falta salto alto. Está também nos pés das *strippers* e *gogo girls*. E, de maneira mais *soft*, nas misses, quando desfilam de maiô e vestido de gala. A verdade é que o salto alto está ligado diretamente à beleza e à sensualidade feminina. Minha esposa diz que para ser mulher tem que gostar de um salto alto. E a primeira coisa que as meninas usam, quando ainda estão na tenra idade, é o salto alto da mãe. Antes se pensava que esse tipo de comportamento era algo social, cultural e aprendido, mas agora você sabe que não: é a Mãe Natureza se manifestando.

Em 2007, um centro de pesquisas sobre o consumidor dos Estados Unidos entrevistou mais de mil mulheres e descobriu que elas possuem, em média, 19 pares de sapato, embora usem apenas quatro pares regularmente. 15% delas têm 30 pares de sapatos; 43% das entrevistadas disseram já ter se machucado usando salto alto e 8% afirmaram ter sofrido acidentes graves, como torções violentas e quebra de ossos. É ou não é um vício?

Neste caso, vou ter bastante tato, porque estou mexendo em terreno arenoso. Pedir para uma mulher não comprar sapatos de salto alto é algo completamente fora de propósito, que a fará parar de ler o livro neste instante. Então, não pedirei isso, mesmo porque eu também acho esse tipo de sapato muito elegante. Mas controle-se, porque você não precisa de tantos pares como imagina. Não é somente a cor ou o modelo que vai torná-la atraente, mas a altura do salto. Outra dica é: use saltos que lhe deem a proporção de 1,4 vez o comprimento do corpo, não mais alto do que isso, e você já vai brilhar, vai desfilar em muitos corações masculinos e pisar na inveja feminina.

Conclusão

Nas mulheres, o escaneamento cerebral tem mostrado que o lobo frontal, responsável pela resolução de problemas e tomada de decisão, e o sistema límbico, que regula as emoções, são maiores que nos homens. Por ter a área límbica avantajada, a mulher é geralmente mais verbal, porque essa é a área que processa também a linguagem humana. Na maioria das vezes, a mulher é capaz de resolver problemas ou tomar decisões depois de pensar nos detalhes e coletar informações. Fato é que elas têm neurônios mais juntinhos, o que permite um processamento mais rápido por causa de suas conexões. Isso pode explicar por que tendem a lembrar melhor das coisas do que os homens. As mulheres também têm mais matéria branca (capa protetora dos neurônios que ajuda a reforçar a passagem de impulsos elétricos por ali, mostrando essa consolidação das redes cerebrais) em seu cérebro, o que contribui para as conexões que são feitas. Por isso elas são multitarefas. As conexões complexas permitem a elas pensar e fazer as coisas ao mesmo tempo. E mais! O cérebro feminino tem no corpo caloso (que divide os dois hemisférios) um feixe de nervos que liga a cognição à emoção, permitindo que elas controlem as emoções, apesar de serem mais emocionais.

Para o objetivo deste livro, essas situações são perfeitas, porque os conselhos e as situações dos quais tratei serão lembrados facilmente e a tal capacidade de controlar as emoções é tudo o que você precisa para fazer prevalecer o córtex pré-frontal (o juízo, a resolução de problemas e a tomada de decisão) sobre o córtex límbico (o emocional e irracional). Quanto mais você entender como seu cérebro funciona, melhor será nas estratégias para contornar a tal "irracionalidade", aqueles comportamentos não entendidos. Você pode aprender a lidar com esse órgão tão misterioso e, com certeza, se sentirá mais tranquila em saber que não é esquisita ou maluca, mas age em função de algumas premissas, que são a sobrevivência e a propagação dos genes.

As características que lhe garantem uma grande capacidade de refletir antes de agir não param na anatomia cerebral, mas encontram-se também na química orgânica. Seu organismo secreta uma grande quantidade de serotonina, o que a faz menos impulsiva do que os homens. Esse neurotransmissor ajuda a regular os sentimentos viscerais, como a raiva e a ação impensada. Os níveis de ocitocina também são elevados, o que promove maior afiliação e mais empatia com as outras pessoas. Quanto aos hormônios, você tem mais estrogênio e mais progesterona, que também estão ligados às relações entre indivíduos. Mas, como sempre digo, essas são características genéricas das mulheres, ou seja, existem diferenças entre uma e outra, porque há uma variação de níveis hormonais e neurotransmissores. Nem todo mundo é igual. Ainda bem!

Seu cérebro foi criado e desenvolvido para melhorar as probabilidades de sobrevivência da nossa espécie. Você, como todo ser humano, está ligada ao desejo, ao que parece gratificante, e preparada para evitar o perigo. Para contrariar esses impulsos, seu cérebro tem apenas uma fina camada de verniz moderno, circuitos analíticos que, muitas vezes, não são páreo para o poder das peças antigas de sua mente. Isso significa que, quando você ganha, perde ou arrisca dinheiro, mexe com as emoções profundas, incrustadas nas partes mais antigas do seu cérebro. Olhar tudo isso com outros olhos que não os da sociedade, da cultura, mas sim com a visão da biologia, afeta sua tomada de decisão, permitindo que você tome atitudes mais sensatas, em favor do futuro, e não somente do prazer imediato. Você melhora como consumidora e como investidora.

Seu cérebro muitas vezes decide antes que você saiba. Ele não é uma peça separada de você, mas os processos automáticos, isto é, aqueles que acontecem bem abaixo do nível de consciência, podem escolher produtos e tomar decisões sobre os quais você fica sabendo só depois.

Num estudo publicado no *Journal of Neuroscience*, pesquisadores descobriram que o ser humano toma decisões mesmo quando não está prestando atenção ao produto. É a vontade biológica antes da vontade social ou cultural. Seu organismo decide o que é bom para a sobrevivência e conveniente para a reprodução e daí faz você agir. Na década de 1980, Benjamin Libet, ao estudar o livre-arbítrio, ou seja, a capacidade de tomar decisões por si, sem comandos por trás disso, descobriu que atos são precedidos por uma mudança elétrica no cérebro chamada de potencial de prontidão, que começa 550 milissegundos antes do ato. Isso significa que você fica ciente da intenção de agir 350 milissegundos depois do potencial de prontidão ter início, mas 200 milissegundos antes do ato motor. Portanto, o processo da vontade é iniciado inconscientemente. O que não quer dizer que a consciência não pode vetar ou barrar tal ato.

Use esses conhecimentos neurológicos e endócrinos a favor do controle do seu comportamento de consumo, primeiro entendendo como funcionam os mecanismos corporais e, depois, pensando no que pode estar acontecendo no seu organismo que você pode controlar, usando seu córtex pré-frontal mais avantajado. A anatomia você já tem, basta ter a consciência e a vontade agora.

A psicologia evolucionista faz quatro generalizações importantes, que dirigem todo o pensamento dos simpatizantes pela teoria.

A primeira é que não há nada de especial no *Homo sapiens*; ele é apenas diferente das outras espécies animais, como cada uma delas também é. Há uma frase que define muito bem essa visão biológica: "Somos únicos, mas não somos os únicos a serem únicos". Cada uma das espécies existentes na Terra evoluiu na sua singularidade, com suas particularidades, para se adaptar ao ambiente.

A segunda generalização é que compartilhamos genes com vários outros animais de espécies diversas e temos mecanismos cerebrais, tanto fisiológicos (neurotransmissores, hormônios) como anatômicos ("complexo R", que compartilhamos com os répteis, sistema límbico, que compartilhamos com todos os mamíferos, e córtex, que compartilhamos com os símios). Isso significa que compartilhamos também alguns comportamentos básicos relacionados à sobrevivência e à reprodução.

A terceira generalização é que não há nada em especial no cérebro humano, pois ele evoluiu como evoluíram as mãos, os pés, o pâncreas e qualquer outra parte do organismo. Ele não teve um processo de desenvolvimento filogenético diferente dos outros órgãos do corpo, acompanhando o desenvolvimento ultrarrápido da cultura e da sociedade. Se assim fosse, nossas mãos já teriam se modificado em função de novas tecnologias (sete dedos nas mãos para jogar *video game* ou dedos bem fininhos para teclar em celular), não teríamos mais apêndice, também não faríamos essa reserva de gordura no abdome, porque temos geladeira e não precisamos reservar gordura para um futuro incerto. Armazenar alimento não fez com que seu metabolismo mudasse e você emagrecesse, porque, queira ou não, seu cérebro é antigo. A verdade é que a evolução não termina no pescoço, acontece no corpo todo e seguindo as mesmas regras para qualquer órgão.

Esta última generalização leva a uma implicação importante na visão da psicologia evolucionista. Assim como a base, a forma e as funções da mão e do pâncreas não mudaram desde o final do Pleistoceno, vigente cerca de dez mil anos atrás, o funcionamento básico do cérebro também não mudou muito nesse tempo. O corpo humano por inteiro, incluindo o cérebro, evoluiu durante milhões de anos, na savana africana, onde o homem viveu durante a maior parte do seu tempo como espécie.

Foi nesse ambiente que nosso cérebro se desenvolveu, como caçador-coletor, e é a ele que nosso organismo está adaptado. Todos os seus atos, que são nada mais, nada menos do que ordens do seu cérebro, estão em conformidade com tal era, mas a cultura, a tecnologia, a sociedade estão pelo menos dez mil anos adiante. É por isso que alguns comportamentos muitas vezes são incoerentes, inesperados e, a princípio, sem sentido. Mas eles não têm sentido para as teorias sociais que englobam os estudos de economia e comportamento de consumo, porque para a biologia é tudo muito coerente e condizente com a condição anatômica e fisiológica do cérebro. Quando seu marido vai ao supermercado comprar carne para um churrasco, ele vai com cérebro de caçador. E quando você vai comprar frutas e verduras para o almoço de domingo, você vai com cérebro de coletora. E é por esse motivo que você e ele extrapolam nas contas, coletam tudo o que podem e também o que não podem, compram mais carne do que deveriam e daí justificam: "Só para prevenir", "Melhor sobrar do que faltar". Seu cérebro ancestral alerta que pode faltar amanhã, porque no Pleistoceno isso realmente acontecia.

A intenção central contida em todas as ideias que expresso neste livro está baseada na concepção de que seus pensamentos, o que você sente e seu comportamento, inclusive o de escolha, compra e uso de produtos e serviços são resultados não somente da sua experiência individual no ambiente em que você passa sua vida, nem só da sua ontogenia (desenvolvimento orgânico durante sua vida) mas também da filogenia (desenvolvimento da espécie), pelo que aconteceu com seus ancestrais há milhares de anos no Pleistoceno e também antes disso, quando ainda não éramos a espécie conhecida como *Homo sapiens sapiens*. O acúmulo das experiências no passado afeta diretamente o modo como fazemos nossas compras hoje.

Nós que temos pensamentos evolucionistas aplicamos ao cérebro as mesmas leis que aplicamos aos outros órgãos e sistemas do corpo. Óbvio que cada um é considerado com suas particularidades, mas o tempo evolutivo é igual para todos. Portanto, em nossa concepção, ele ainda é "primitivo" como outras partes do organismo, porque a evolução biológica é lenta. A natureza humana é inata, programada pelos genes, ou seja, nascemos com ela e com algumas características comportamentais, que são resultados da nossa história de vida remota. Passamos 99,9% da nossa história evolutiva como caçadores-coletores, não seria em apenas 0,1% do tempo que mudaríamos toda a arquitetura e o funcionamento cerebral. Dez mil anos é um período muito curto, insuficiente para que o organismo faça modificações significativas para se adaptar a situações culturais que ocorreram nesse meio-tempo.

Agora que você já conhece as pegadinhas e tudo o que se passa dentro da sua cabeça, arregace as mangas e diga não quando for necessário. Você pode e vai vencer essa batalha, porque agora entende que a culpa é dos hormônios.

Referências bibliográficas

ANI (2011). People with low self-esteem tend to purchase luxury items via credit cards. Disponível em: <http://in.news.yahoo.com/people-low-self-esteem-tend-purchase-luxury-items-064936394.html>. Acesso em: 09 maio 2011.

ARAÚJO, Mariana (2010). Compra coletiva oferece descontos e gera visibilidade para o vendedor. Disponível em: <http://g1.globo.com/jornal-da-globo/noticia/2010/10/compra-coletiva-oferece-descontos-e-gera-visibilidade-para-o-vendedor.html>. Acesso em: 10 fev. 2011.

ARIELY, Dan. *Previsivelmente irracional: como as situações do dia a dia influenciam as nossas decisões*. Rio de Janeiro: Elsevier, 2008.

______. Predictably irrational. Disponível em: <fora.tv/search_video?q=dan+ariely>. Acesso em: 17 jun. 2013.

______. Tendencies of irrational behavior. Disponível em: <fora.tv/search_video?q=dan+ariely>. Acesso em: 17 jun. 2013.

AZIZ-ZADEH, Lisa; SHENG, Tong; GHEYTANCHI, Anahita. Common premotor regions for the perception and production of prosody and correlations with empathy and prosodic ability. Disponível em: <http://www.plosone.org/article/info: doi/10.1371/journal.pone.0008759>. Acesso em: 17 jun. 2013.

BALDAUF, Sebastian; BAKKER, T. C.M.; HERDER, Fabian; KULLMANN, H.; Thiinken, T. (2010). Male mate choice scales female ornament allometry in a cichlid fish. Disponível em: <http://www.biomedcentral.com/1471-2148/10/301>. Acesso em: 17 jun. 2013.

BATES, Claire (2010). How to stay thin: Pay by cash and avoid using your cards at the shops. Disponível em: <http://www.dailymail.co.uk/health/article-1321776/How-stay-Pay-cash-avoid-using-cards.html>. Acesso em: 17 jun. 2013.

BBC. Cientistas identificam área do cérebro que estimula gosto pelo novo (2008). Disponível em: <http://www.bbc.co.uk/portuguese/reporterbbc/story/2008/06/080626_cerebroousadia_np.shtml>. Acesso em: 17 jun. 2013.

BIEDERMAN, Irving; VESSEL, Edward A (2006). Perceptual pleasure and the brain: a novel theory explains why the brain craves information and seeks it through the senses. Disponível em: <http://www.sybergroup.com/docs/infovore.pdf>. Acesso em: 17 jun. 2013.

BOOTH, A.; DABBS, J. 1993. *Testosterone and men's marriages*. Soc. Forces 72, 463 – 477.

BRENDL, C. Miguel; CHATTOPADHYAY, Amitava; PELHAM, Bret W.; CARVALLO, Mauricio. Name letter branding: valence transfers when product specific needs are active. Disponível em: <http://j.b.legal.free.fr/Blog/share/M1/Biblio%20s%E9minaire%20M1/Letter%20Branding%20Brendl%202005.pdf>. Acesso em: 17 jun. 2013.

BUCHALLA, Anna Paula. A anatomia das emoções. Disponível em: <http://www.guia.heu.nom.br/insula.htm#quadro>. Acesso em: 17 jun. 2013.

BUSINESS WIRE. Clip or click? NeuroFocus study shows online coupons top pPrint in effectiveness — But adding a new branded element reverses the results. Disponível em: <http://www.businesswire.com/portal/*site*/google/?ndmViewId=news_view&newsId=20090427005330&newsLang=en>. Acesso em: 17 jun. 2013.

CALDWELL, Clare; HIBBERT, Saly A (1999). Play that one again: the effect of music temp on consumer behaviour in a restaurant. Disponível em: <http://www.acrwebsite.org/search/view-conference-proceedings.aspx?Id=11116>. Acesso em: 17 jun. 2013.

CARLSON, Kurt A.; CONRAD, Jaqueline M (2008). Temporal response to opportunities: a look at the last name effect. Disponível em: <http://www.acrweb*site*.org/volumes/v35/naacr_vol35_269.pdf>. Acesso em: 17 jun. 2013.

CASH Is Healthier? Credit and debit increase impulsive food purchases. *ScienceDaily (Oct. 24, 2010)* — People are more likely to buy unhealthy foods when they pay using credit or debit cards, according to a new study in the *Journal of Consumer Research*. Disponível em: <http://www.sciencedaily.com/releases/2010/10/101018174345.htm>. Acesso em: 17 jun. 2013.

CASTRO, John M. de; BREWER, E. Marie; ELMORE, Dixie K.; OROZCO, Sara. (2005) Social facilitation of the spontaneous meal size of humans occurs regardless of time, place, alcohol or snacks. Disponível em: <http://www.sciencedirect.com/science?_ob=ArticleURL&_udi=B6WB2-4FBRDH2--8T&_user=10&_coverDate=10/31/1990&_rdoc=1&_fmt=high&_orig=search&_origin=search&_sort=d&_docanchor=&view=c&_searchStrId=1548146280&_rerunOrigin=google&_acct=C000050221&_version=1&_urlVersion=0&_userid=10&md5=1c9a1466a0cbaa582f89a31c7ba9c89e&searchtype=a>. Acesso em: 19 nov. 2010.

CBS LOCAL. Do credit cards lead to obesity? New study suggest pounds stay off the more you use cash. Disponível em: <http://newyork.cbslocal.com/2010/11/15/do-credit-cards-lead-to-obesity>. Acesso em: 17 jun. 2013.

CHICKAHOMINY Family Practice – Can't stick to your new year's resolution? Blame your brain. Disponível em: <http://www.cmclaser.net/*site*/?p=75>. Acesso em: 12 fev. 2011.

CIRURGIA PLÁSTICA. Plástica de mama ultrapassa lipo. Pesquisa mostra que em 2008 foram feitas 151 mil cirurgias de seio contra 91 mil lipoaspirações no país. Disponível em: <http://www2.cirurgiaplastica.org.br/index.php?option=com_content&view=article&id=100:plastica-de-mama-ultrapassa-lipo&catid=42:ultimas-noticias&Itemid=87>. Acesso em: 17 jun. 2013.

COVELESKIE, Kristen (2010). Chocolate on the brain. Disponível em: <http://serendip.brynmawr.edu/bb/neuro/neuro04/web1/kcoveleskie.html>. Acesso em: 17 jun. 2013.

DABBS, James MacBride; DABBS, Mary Goodwin. *Heroes, rogues and lovers – Testosterone and behavior*. McGraw-Hill Books, 2000.

DAVERAMSEY. The truth about credit card debt (2010). Disponível em: <http://www.daveramsey.com/article/the-truth-about-credit-card-debt/>. Acesso em: 17 jun. 2013.

DOOLEY, Roger (2010). The truffle strategy: tempt your customers. Disponível em: <http://www.neuroscience*marketing*.com/blog/articles/truffle-strategy.htm>. Acesso em: 17 jun. 2013.

______ (2010). Five magic days to sell (to women). Disponível em: <http://www.neuroscience*marketing*.com/blog/articles/five-magic-days-to-sell-to-women.htm>. Acesso em: 17 jun. 2013.

______ (2010). What color makes the most green? Disponível em: <http://www.neuroscience*marketing*.com/blog/articles/red-effect.htm>. Acesso em: 17 jun. 2013.

______ (2010). Heat up sales – With coffee! Disponível em: <http://www.neuroscience*marketing*.com/blog/articles/coffee-boost-sales.htm>. Acesso em: 17 jun. 2013.

______ (2011). Heat up sales – With coffee! Disponível em: <http://www.neuroscience*marketing*.com/blog/articles/soft-seat-chair.htm>. Acesso em: 17 jun. 2013.

______ (2009). Selling to the right ear. Disponível em: <http://www.neuroscience*marketing*.com/blog/articles/right-side-selling.htm>. Acesso em: 23 jul. 2010.

______ (2010). When fancy fonts work. Disponível em: <http://www.neuroscience*marketing*.com/blog/articles/fancy-fonts.htm>. Acesso em: 16 jan. 2011.

DUNBNER, Stefhen J. The science of large breasts, and other evolutionary verities. Disponível em: <http://freakonomics.blogs.nytimes.com/?s=The+Science+of+Large+Breasts>. Acesso em: 17 jun. 2013.

E! SCIENCE (2011). When self-esteem is threatened, people pay with credit cards. Disponível em: <http://esciencenews.com/articles/2011/05/05/when.self.esteem.threatened.people.pay.with.credit.cards>. Acesso em: 17 jun. 2013.

E! SCIENCE NEWS (2009). Need something? Talk to my right ear! Disponível em: <http://esciencenews.com/articles/2009/06/23/need.something.talk.my.right.ear>. Acesso em: 17 jun. 2013.

EASTERLI, Richard A (2009). Happiness and the easterlin paradox. Disponível em: <http://www.voxeu.org/index.php?q=node/3439>. Acesso em: 17 jun. 2013.

ETHOFER, Thomas; ANDERS, Silke; ERB, Michael; DROLL, Christina; ROYEN Lydia; SAUR, Ralf; REITERER, Susanne; GRODD, Wolfgang; WILDGRUBER, Dirk (2006). Impact of voice on emotional judgment of faces: an event-related fMRI study. Disponível em: <http://onlinelibrary.wiley.com/doi/10.1002/hbm.20212/full>. Acesso em: 17 jun. 2013.

FISHER, Sir. Ronald Aylmer. *The genetical theory of natural selection: a complete variorum edition*. Oxford: Oxford University Press, 1999.

FOLHA DE SÃO PAULO. Central de medo no cérebro controla cautela em perder dinheiro. Disponível em: <http://www1.folha.uol.com.br/folha/ciencia/ult306u691672.shtml>. Acesso em: 17 jun. 2013.

GALLESE, Vittorio; FADIGA, Luciano; FOGASSI, Leonardo; RIZZOLATTI, Giacomo. *Action recognition in the premotor cortex. Brain*, vol. 119, nº 2, p. 593-609, abril de 1996.

GANGESTAD, S.W., THORNHILL, R.; GRAVER-APGAR, C. E. Adaptations to ovulation. In: BUSS, D. M. (Ed.). *Handbook of evolutionary psychology*. New York: Wiley, 2005.

GANGESTAD, S.W.; THORNHILL, R.; GRAVER-APGAR, C. E. (2005). Women's sexual interests across the ovulatory cycle depend on primary partner developmental instability. Disponível em: <http://www.ncbi.nlm.nih.gov/pmc/articles/PMC1559901/>. Acesso em: 17 jun. 2013.

GOETZMANN, Willian N.; ZHU, Ning (2002). Rain or shine: where is the weather effect? Disponível em: <http://faculty.gsm.ucdavis.edu/~nzhu/papers/rainorshine.pdf>. Acesso em: 17 jun. 2013.

GROHOL, John M. Weather can change your mood. Disponível em: <http://psychcentral.com/blog/archives/2008/11/09/weather-can-change-your-mood/>. Acesso em: 17 jun. 2013.

HAGEN, Susan (2008). Psychological study reveals that red enhances men's attraction to women. Disponível em: <http://www.rochester.edu/news/show.php?id=3268>. Acesso em: 17 jun. 2013.

HARVARD GAZETTE. How touch can influence judgments. Researchers say that how objects feel can influence the ways in which people proceed to interpret them. Disponível em: <http://news.harvard.edu/gazette/story/2010/06/how-touch-can-influence-judgments/>. Acesso em: 17 jun. 2013.

HIRSHLEIFER, David; SHUMWAY, Tyler (2003). Good day sunshine: stock returns and the weather. Disponível em: <http://www.irvinehousingblog.com/wp-content/uploads/2007/11/sunshine-and-trading.pdf>. Acesso em: 21 dez. 2010.

______ (2001). Good day sunshine: stock returns and the weather, working paper. Ohio State University and SSRN.

HUB PAGES. Male and female brains: similarities and differences. Disponível em: <http://hubpages.com/hub/Gender-Differences-In-Brain-Development>. Acesso em: 22 fev. 2011.

IACOBONI, Marco; SZAKACS, Istvan; GALLESE, Vittorio; BUCCINO, Giovanni; MAZZIOTTA, John C.; RIZZOLATTI, Giacomo (2005). Grasping the intentions of others with one's own mirror neuron system. Disponível em: <http://www.plosbiology.org/article/info%3Adoi%2F10.1371%2Fjournal.pbio.0030079>. Acesso em: 17 jun. 2013.

INMAN, Erin (2010). Consumer preference may be influenced by genetic. Disponível em: <http://www.stanforddaily.com/2010/09/28/consumer--preferences-may-be-influenced-by-genetics/>. Acesso em: 17 jun. 2013.

JONES, Benedict C.; DEBRUINE, Lisa M.; LITTLE, Anthony C.; CONWAY, Claire A.; FEINBERG, David R. Integrating gaze direction and expression in preferences for attractive faces. Disponível em: <http://www.faceresearch.org/students/papers/Jones_2006.pdf>. Acesso em: 17 jun. 2013.

KANAZAWA, Satoshi. (2003) The savanna principle. Disponível em: <http://personal.lse.ac.uk/Kanazawa/pdfs/MDE2004.pdf>. Acesso em: 17 jun. 2013.

KENSKI, Rafael. De que são feitos os homens? Associada à dominação, libido e agressividade, a testosterona influencia mais aspectos do comportamento dos homens — e também das mulheres — do que você imagina. Disponível em: <http://super.abril.com.br/ciencia/sao-feitos-homens-441936.shtml>. Acesso em: 17 jun. 2013.

KERSHAW, Sarha (2009). Using menu psychology to entice diners. Disponível em: <http://www.nytimes.com/2009/12/23/dining/23menus.html?_r=2&pagewanted=all>. Acesso em: 17 jun. 2013.

KUHNEN, Camelia M. (2011). Your brain and your finances: insights from neuroeconomics. Disponível em: <http://www.europeanfinancialreview.com/?p=2261>. Acesso em: 17 jun. 2013.

______ (2009). The neural basis of financial decision making. Disponível em: <http://www.bus.umich.edu/conferences/decisionneuro/kuhnen.pdf>. Acesso em: 17 jun. 2013.

KUWANA, Elle (2010). Discovering the sweet mysteries of chocolate. Disponível em: <http://faculty.washington.edu/chudler/choco.html>. Acesso em: 17 jun. 2013.

LARAN, Juliano (2009). School of business research shows one tiny chocolate may cause overindulgent eating & shopping. Disponível em: <http://www.bus.miami.edu/news-and-media/recent-news/truffles-research.html>. Acesso em: 17 jun. 2013.

LEHRER, Jonah. *O momento decisivo*. Rio de Janeiro: Best Business, 2010.

LINDSTROM, Martin. *A lógica do consumo: verdades e mentiras sobre por que compramos*. Rio de Janeiro: Nova Fronteira, 2009.

LOUCA POR COSMÉTICOS. Disponível em: <http://loucaporcosmeticos.blogspot.com/p/quem-faz-o-lpc.html>. Acesso em: 17 jun. 2013.

LOUGHRAN, Tim; SCHULT, Paul. Weather, stock returns, and the impact of localized trading behavior. Disponível em: <http://www.buec.udel.edu/coughenj/FINC872_loughran%20schultz%20weatherpaper.pdf>. Acesso em: 21 dez. 2010.

LUMENG, Julie C.; HILLMAN, Katherine H (2007). Eating in larger groups increases food consumption. Disponível em: <http://adc.bmj.com/content/92/5/384.full.html>. Acesso em: 18 nov. 2010.

LYUBOMIRSK, Sonja (2008). Thwarting hedonic adaptation. Disponível em: <http://www.faculty.ucr.edu/~sonja/>. Acesso em: 12 out. 2010.

MEYERS-LEVY, Joan e; ZHU, Rui (Juliet).The influence of ceiling height: the effect of priming on the type of processing that people use. Disponível em: <http://www.carlsonschool.umn.edu/assets/71190.pdf>. Acesso em: 17 jun. 2013.

MILLER, Alan S. *Por que os homens jogam e as mulheres compram sapatos: como a evolução molda nosso comportamento*. Rio de Janeiro: Prestígio, 2007.

MILLER, Geofrey; TYBUR, Joshua M. e JORDAN, Brent D. Ovulatory cycle effects on tip earnings by lap dancers: economic evidence for human estrus? Disponível em: <http://www.unm.edu/~gfmiller/cycle_effects_on_tips.pdf>. Acesso em: 17 jun. 2013.

MILLER, Saul L.; MANE, Jon K. Scent of a woman: men's testosterone responses to olfactory ovulation cues. Disponível em: <http://www.psy.fsu.edu/~smiller/scent_of_a_woman.pdf>. Acesso em: 23 maio 2010.

MILLIMAN, Ronald E. (1982). Using background music to affect the behavior of supermarket shoppers. Disponível em: <http://www.jstor.org/pss/1251706>. Acesso em: 17 jun. 2013.

MINHA VIDA. Cérebro processa realidade e ficção literária de forma parecida (2009). Disponível em: <http://www.minhavida.com.br/conteudo/5581-Cerebro-processa-realidade-e-ficcao-literaria-de-forma-parecida.htm>. Acesso em: 17 jun. 2013.

MONRO, Rebeca. U of M research finds ovulating women unconsciously buy sexier clothing to outdo attractive women. Disponível em: <http://www1.umn.edu/news/news-releases/2010/UR_CONTENT_237207.html>. Acesso em: 17 jun. 2013.

MONTENEGRO, Margareth. Go away winter blues! Disponível em: <http://www.doityourself.com/stry/winterblues>. Acesso em: 17 jun. 2013.

MORRIS, Desmond. *O macaco nu — Um estudo do animal humano*. São Paulo: Record, 2008.

MULHER DE CLASSE. Hormônios. Disponível em: <http://www.mulher-declasse.com.br/Hormonios.htm>. Acesso em: 17 jun. 2013.

MUNDO EDUCAÇÃO. Probabilidade na loteria. Disponível em: <http://www.mundoeducacao.com.br/matematica/probabilidade-na-loteria.htm>. Acesso em: 17 jun. 2013.

NAISH, John. *Chega de desperdício: por que viver com menos pode ser melhor para você*. Rio de Janeiro: Best Seller, 2010.

NEUROBLOG. Disponível em: <http://www.neuroscience*marketing*.com/blog/articles/five-magic-days-to-sell-to-women.htm>. Acesso em: 17 jun. 2013.

NEWSWEEK. Inside the shopping brain. The difference between the door-buster price and the current one activates "what if" neurons. Disponível em: <http://www.newsweek.com/2008/12/06/inside-the-*shopping*-brain.html>. Acesso em: 17 jun. 2013.

O'CONNOR, Jillian J. M.; RE, Daniel E.; FEINBERG, David R. (2011). Voice pitch influences perceptions of sexual infidelity. Disponível em: <http://dailynews.mcmaster.ca/images/Voiceperceptions.pdf>. Acesso em: 17 jun. 2013.

PAHMER, Audrey K. (2003). How does color affect blood pressure? Disponível em: <http://www.usc.edu/CSSF/History/2003/Projects/S0317.pdf>. Acesso em: 17 jun. 2013.

PEARSON, Matew; SCHIPPER, Burkhard. (2009) Menstrual cycle and competitive bidding. Disponível em: http://www.econ.ucdavis.edu/faculty/schipper/menstruation.pdf. Acesso em: 15 ago. 2010.

______ (2009). Biological does not equal evolutionary: the economics of menstruation?! Disponível em: <https://asociologist.wordpress.com/2010/08/17/biological-does-not-equal-evolutionary-the-economics-of-menstruation>. Acesso em: 17 jun. 2013.

PETIT, Nathan C.; SIVANATHAN, Niro. The plastic trap: self-threat drives credit usage and status consumption. Disponível em: <http://faculty.london.edu/nsivanathan/pdf/Pettit%20&%20Sivanathan%20(2011).pdf>. Acesso em: 21 ago. 2010.

PINCOTT, Jena. *Os homens preferem mesmo as loiras?* A ciência por trás do sexo, do amor e da atração. São Paulo: Academia de Inteligência, 2010.

POLDRACK, Russel. (2009) Multitasking: the brain seeks novelty. Disponível em: <http://www.huffingtonpost.com/russell-poldrack/multitasking-the-brain-se_b_334674.html>. Acesso em: 17 jun. 2013.

PONTES, Felipe; PAVARIN, Guilherme. *Quanto custa ser feliz*. Revista Galileu. Rio de Janeiro: Globo, 2010.

QUOIDBACH, Jordi; DUNN, Elizabeth W.; PETRIDES K.V.; MIKOLA JCZAK, Moïra. Money giveth, money taketh away: the dual effect of wealth on happiness. Disponível em: <http://www.fapse.ulg.ac.be/lab/ppdi/downloads/QDPM_PS_2010.pdf>. Acesso em: 12 out. 2010.

RAEBURN, Paul. Entre riscos e benefícios. O uso continuado de antidepressivos por crianças e adolescentes pode levar a alterações imprevisíveis na química e na estrutura cerebral. O tema preocupa autoridades de saúde e divide a opinião dos médicos. Disponível em: <http://www2.uol.com.br/vivermente/reportagens/entre_riscos_e_beneficios_imprimir.html> Acesso em: 17 jun. 2013.

REVISTA ÉPOCA. Cientistas encontram região do cérebro responsável por medo de perder dinheiro. Disponível em: <http://revistaepoca.globo.com/Revista/Epoca/0,,EMI121140-15224,00.html>. Acesso em: 12 set. 2010.

REVISTA VEJA. Cérebro de adolescente: novas pesquisas provam que nem só os hormônios são culpados pelo comportamento explosivo da garotada. *Revista Veja on-line*. Disponível em: <http://veja.abril.com.br/especiais/jovens_2004/p_034.html>. Acesso em: 17 jun. 2013.

ROSENBLOOM, Stephanie (2010). But will it make you happy? Disponível em: <http://www.nytimes.com/2010/08/08/business/08consume.html>. Acesso em: 17 jun. 2013.

SAAD, Gad. The nature and nurture of consumption. Disponível em: <http://www.psychologytoday.com/blog/homo-consumericus/201003/women-s-gait-changes-across-the-menstrual-cycle-and-men-notice-it>. Acesso em: 17 jun. 2013.

______ (2009). The effect of sunlight on consumer behavior. Disponível em: <http://www.psychologytoday.com/blog/homo-consumericus/200909/the-effect-sunlight-consumer-behavior>. Acesso em: 17 jun. 2013.

______ (2009). Why are high heels so enticing? Sex and high heels. Disponível em: <http://www.psychologytoday.com/blog/homo-consumericus/200902/why-are-high-heels-so-enticing>. Acesso em: 17 jun. 2013.

SALIMPOOR, Valorie; BENOVOY, Mitchel; LARCHER, Kevin; DAGHER, Alain; ZATORRE, Robert J. Anatomically distinct dopamine release during anticipation and experience of peak emotion to music. Disponível em: <http://www.nature.com/neuro/journal/vaop/ncurrent/full/nn.2726.html>. Acesso em: 17 jun. 2013.

______ et al. The rewarding aspects of music listening are related to degree of emotional arousal. PLoS ONE. Disponível em: <http://www.plosone.org/article/info%3Adoi%2F10.1371%2Fjournal.pone.0007487>. Acesso em: 17 jun. 2013.

SANTOS, Laurie. Uma economia dos macacos tão irracional como a nossa. Disponível em: <http://www.ted.com/talks/lang/por_pt/laurie_santos.html>. Acesso em: 17 jun. 2013.

SAUNDER, Edward M. (1993). Stock prices and Wall Street weather. American Economic Review, 83, 1337-1345.

SCHNABEL, Jim (2009). A slew of studies provides addiction insight. Disponível em: <http://dana.org/news/brainwork/detail.aspx?id=14380>. Acesso em: 17 jun. 2013.

SCIENCE DAILY (2007). Influence of the menstrual cycle on the female. Disponível em: <http://www.sciencedaily.com>. Acesso em: 30 ago. 2010.

______ (2008) Female fish flaunt fins to attract a mate. Disponível em: <http://www.sciencedaily.com/releases/2010/10/101007210540.htm>. Acesso em: 17 jun. 2013.

______ (2009). Need something? Talk to my right ear. Disponível em: <http://www.sciencedaily.com/releases/2009/06/090623090705.htm>. Acesso em: 17 jun. 2013.

SCIENCEDAILY. Hard-wired for chocolate and hybrid cars? How genetics affect consumer choice (2010). Disponível em: <http://www.sciencedaily.com/releases/2010/09/100920173004.htm>. Acesso em: 17 jun. 2013.

SIDDIQUI, Rahila (2001). Criticism at work leads people to shop likely with credit cards. Disponível em: <http://www.aajkikhabar.com/en/news/681300/681300.html>. Acesso em: 17 jun. 2013.

SIMONSON, Itamar; SEL, Aner. On the heritability of consumer decision making: an exploratory approach for studying genetic effects on judgment

and choice. Disponível em: <http://bear.warrington.ufl.edu/sela/Simonson_Sela_2011.pdf>. Acesso em: 17 jun. 2013.

SÖDERLUND, Magnus; ROSENGRE, Sara (2003). The smiling face in marketing appeals and its effects on the customer. Disponível em: <http://swoba.hhs.se/hastba/papers/hastba2003_007.pdf>. Acesso em: 17 jun. 2013.

STEPHEN, Ian D.; COETZEE, Vinet; SMITH, Miriam Law; PERRETT, David I. (2009). Skin blood perfusion and oxygenation colour affect perceived human health. Disponível em: <http://www.plosone.org/article/info%3Adoi%2F10.1371%2Fjournal.pone.0005083>. Acesso em: 17 jun. 2013.

THE NEW YORK TIMES (2008). Heart-warming news on hot coffee. DIsponível em: <http://tierneylab.blogs.nytimes.com/2008/10/23/heart-warming-news-on-coffee/>. Acesso em: 17 jun. 2013.

THOMAS, Manoj; DESAI, Kalpesh Kaushik; SEENIVASA, Satheeshkumar. *How credit card payments increase unhealthy food purchases*: visceral regulation of vices. Disponível em: <http://www.jcr-admin.org/files/pressPDFs/101810122129_thomas-visceralrevulationofvices.pdf>. Acesso em: 22 dez. 2010.

TRINDADE, Eneus. *Merchandising em telenovela:* a estrutura de um discurso para o consumo. Disponível em: <http://www.portalrp.com.br/bibliotecavirtual/outrasareas/publicidadeepropaganda/0080.htm>. Acesso em: 22 jan. 2011.

UNDERHILL; Paco. *O que as mulheres querem*. São Paulo: Elsevier, 2010.

WALLO, Harry (2010). Paying by cash helps keep you healthy. Paying for food in cash could help shoppers stick to a healthy diet, according to scientists. Disponível em: <http://www.buffalo.edu/news/pdf/October10/TelegraphSeenivasanImpulsiveGrocery*Shopping*.pdf>. Acesso em: 05/01/2011.

WANSINK, Brian. *Mindless eating – Why we eat more than we think.* New York: Bantam-Dell, 2006.

_______ et al. Mindless eating and environmental cues. Disponível em: <www.aeaweb.org/annual_mtg_papers/2009/retrieve.php?pdfid>. Acesso em: 23 jun. 2011.

_______ et al. (2018). Do descriptive menu labels influence restaurant sales and repatronage?. Disponível em: <http://foodpsychology.cornell.edu/pdf/descriptivemenulabels.pdf>. Acesso em: 16 jan. 2011.